문과생이
판치는
소프트웨어
　　　개발

문과생이 판치는 소프트웨어 개발

발행일   2019년 4월 10일

지은이   윤도준

펴낸이   손형국

펴낸곳   (주)북랩

편집인   선일영   **편집**   오경진, 강대건, 최승헌, 최예은, 김경무

디자인   이현수, 김민하, 한수희, 김윤주, 허지혜   **제작**   박기성, 황동현, 구성우, 장홍석

마케팅   김회란, 박진관, 조하라

출판등록 2004. 12. 1(제2012-000051호)

주소   서울시 금천구 가산디지털 1로 168, 우림라이온스밸리 B동 B113, 114호

홈페이지 www.book.co.kr

전화번호 (02)2026-5777   **팩스**   (02)2026-5747

ISBN   979-11-6299-601-0 03000 (종이책)   979-11-6299-602-7 05000 (전자책)

이 도서의 국립중앙도서관 출판예정도서목록(CIP)은 서지정보유통지원시스템 홈페이지(http://seoji.nl.go.kr)와
국가자료공동목록시스템(http://www.nl.go.kr/kolisnet)에서 이용하실 수 있습니다.
(CIP제어번호: CIP2019013323)

(주)북랩 성공출판의 파트너

북랩 홈페이지와 패밀리 사이트에서 다양한 출판 솔루션을 만나 보세요!

홈페이지 book.co.kr   •   **블로그** blog.naver.com/essaybook   •   **원고모집** book@book.co.kr

문과생이 판치는 소프트웨어 개발

윤도준 지음

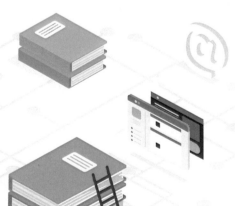

북랩 book Lab

우리 주변에 성큼 다가와 있는 4차 산업혁명은 소프트웨어가 중심 역할을 하므로 대부분의 업종은 IT와 연결될 것입니다. 이에 따라 코딩 능력은 직업을 구하는 데 더욱더 중요한 역할을 할 것입니다. 기술 변화가 일자리에 영향을 주어 앞으로 수많은 노동자가 직업을 잃게 될 수도 있지만, 반면에 시스템을 개발하고 운영할 소프트웨어 개발자 수요는 계속 증가할 것이라는 예측도 가능합니다.

청년 취업난이 계속 심화되고 있습니다. 구직 시장에서 인문학 졸업자의 취업은 상대적으로 더 어렵게 느껴집니다. 취업률을 반영한 '인구론(인문계 졸업생 90%가 논다)', '문송합니다(문과라서 죄송합니다)' 등의 신조어가 유행하기도 합니다. 그러나 인문학은 소프트웨어 개발에 핵심 역할을 담당할 수 있습니다.

　"소프트웨어 개발자로서 '직관력, 상상력, 통찰력' 또한 필요하다고 생각해요. 방금 제가 얘기한 것은 공학적인 것보다 인문학적인 측면이 강하죠? 저는 소프트웨어는 인문학의 응용에 가깝다고 생각해요. 소프트웨어 개발은 인문학 베이스의 응용이에요. 밑바닥에는 논리적인 사고나 수학에서 얘기하는 추론이 필요로 하지만 이런 것이 사실 본질을 꿰뚫어 볼 수 있는 통찰력이나 직관력이라고 생각해요. 이런 능력이 없으면 후천적으로 이러한 능

력을 기르기가 굉장히 어려워요. 인문학적인 자질이 뛰어난 사람
이 소프트웨어 개발을 잘 할 것이라고 생각해요." [1)

- 소프트웨어 아키텍트 김훈섭

그러므로 인문·사회과학 등의 전산 비전공자라도 당당히 IT 분야에
취업해서 자신의 역량을 발휘할 수 있습니다. 국내외를 막론하고 컴퓨
터를 전공하지 않은 많은 사람들이 IT 분야에서 일하고 있습니다. 세
계적으로 성공한 개발자 중에는 독학으로 공부한 사람도 많아요. 필
자도 문과 졸업자이지만, 개발자로서 프로젝트에 기여하고 있으며 40
대 중반을 넘어서고 있는 오늘도 현장에서 현역으로 당당히 일하고 있
습니다. 전산 비전공자는 기술이 중심이 되는 개발 분야에서도 충분
히 제 몫을 해 낼 수 있지만, 업무에 대한 지식과 오랜 경험을 중요시
하는 업무 중심 개발 분야에서 일하는 것도 훌륭한 선택이라는 것을
말하고 싶어요.

생각하는 습관, 사고하는 능력이 개발에서 중요하다는 것을 현장에
서 경험으로 느끼고 있어요. 소프트웨어 개발에서 기술이 물론 중요하
지만, 기술적인 사고로만 접근하면 문제 해결에 시행착오를 많이 겪을
수 있어요. 생각을 달리하면 피할 수 있는, 시간과 비용의 불필요한 소
비가 발생하는 거죠. 현상의 이면을 바라보고, 문제의 본질을 볼 수
있는 통찰력이 필요합니다. 즉, 기술과 인문학적 사고를 융합하는 노력
은 문제를 제대로 해결하기 위한 필수조건이에요.

---

1) 출처: 취업포털 사이트 '사람인'(https://bit.ly/2AwaMq2).

코딩을 해 보고 싶은 마음이 생긴다면, 데스크톱 컴퓨터나 노트북 한 대만 가지고도 시작할 수 있습니다. 물론, 이전에 접하거나 경험하지 않았기에 프로그래밍 언어와 개발 방법이 낯설고 두려울 것입니다. 현재 다양한 프로그래밍 언어가 있지만, 모든 언어를 다룰 필요는 없어요. 프로젝트 실무에서 많이 사용되는 언어 중심으로 공부해 나가면 돼요. 코딩은 고도로 훈련받은 전문가만 할 수 있는 작업이 아니므로, 관심을 가지고 공부하면 누구나 머리에 떠오르는 생각을 프로그래밍 언어를 사용하여 구현할 수 있습니다.

개발자로 직업을 가지려면 어떻게 준비해야 하는지, 실무에서 개발이 어떤 과정으로 진행되는지, 인문·사회과학 전공자가 역량을 발휘하고 오랫동안 탁월한 전문성을 인정받으면서 일하는 개발 분야는 무엇인지 등을 책에서 쉽게 전달하고자 노력하였습니다.

다른 사람들이 모르는 대단한 것을 알고 있는 것은 아니지만, 필자와 같은 비전공자가 IT 분야에 취업하여 자신의 미래를 개척해 나갈 수 있도록 그리고 현재 직장인으로 생활하고 있지만 변화의 소용돌이에서 돌파구를 마련할 수 있도록 작은 도움을 줄 수 있었으면 하는 바람입니다.

2019년 4월
윤도준

목차

PART 2. 고객이 보는 화면과 직원이 보는 화면은 다르다

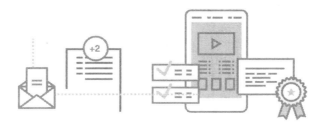

PART 3. 업무 중심 개발자로 나아가야 한다

PART 4. 프리랜서

PART 6. 개발자로 살면서 관심 가져야 할 것들

PART 1.

문과 졸업생이 코딩으로
직업을 가지다

CHAPTER 01

코딩은 반드시 배워야 한다

생활 속의 코딩

코딩이란 무엇일까요? 프로그램은 컴퓨터가 수행하는 일의 절차를 입력한 소스 코드를 말하며, 코딩은 그러한 프로그램을 만드는 작업을 말합니다. 프로그램은 적게는 몇 라인, 많게는 수만 라인의 코드로 되어 있습니다. 재밌는 것은 현장에서 개발자끼리의 대화를 들어보면 "프로그램 열어 봐"라고도 하지만 "소스 까 봐"라는 말을 더 많이 쓴다는 점입니다. 작업의 난이도에 따라 프로그래밍과 코딩으로 구분해서 말하기도 하지만 동일한 의미를 가진 단어로 봐도 무방합니다. 말하기가 편해서 그런지 몰라도 실무에서는 코딩, 개발이라는 말을 더 많이 사용해요. 소프트웨어라는 단어도 있는데요. 보통 하드웨어에 대한 반대 개념으로 소프트웨어라고 사용하지만, 소프트웨어와 프로그램을 같은 의미로 보시면 됩니다.

우리 주위에는 스마트폰, 컴퓨터 등의 전자제품, 엘리베이터, 자동차, 비행기 등 프로그램으로 동작하는 물건들이 무수히 많아요. 아는 만큼 보인다는 말이 있듯이 코딩을 알면 주변에 프로그램으로 동작하는 도구, 기기 등이 어떠한 코드와 로직으로 실행되리라는 것을 짐작할 수 있기에 이해의 폭을 넓힐 수 있습니다. 로직이란 원하는 바를 소스 코드로 구현하기 위한 논리적인 흐름이라고 보면 되겠습니다.

영화에서도 코딩이 보입니다. 실력이 뛰어난 프로그래머가 우여곡절 속에 활약하는 장면이 나오면 필자는 몸 안의 혈류 속도가 빨라지고 동공이 커지며 주변의 소리가 잦아듭니다. 왠지 흥분되어 컴퓨터 앞에서 코딩을 하고 싶어져요. 여러분도 가끔씩 이렇게 느껴 왔을 수도 있고 앞으로 개발자로 입문하게 되면 비슷한 경험을 할지도 모릅니다.

코딩은 무에서 유를 창조한다고 볼 수 있습니다. 작업을 위해 노트북 한 대만 있으면 되고 추가적인 자본이 필요하지 않아요. 머리에 떠오르는 생각, 아이디어가 있고 그것을 구현하기 위해서 어떤 플랫폼 위에 어떤 프로그래밍 언어로 개발할지 정해지면, 코드로 만들어 내면 되는 것이죠. 말만 들어도 매력적인 작업임에 틀림없습니다. 플랫폼이란 기차를 타고 내리는 받침대라는 의미이기에 IT에서는 프로그램이 실행되는 기반이라고 보면 됩니다.

세상이 드라마틱하게 변하고 있다

1차 산업혁명(18세기)에서는 증기기관을 통하여 공업의 발전이 이루어졌고, 2차 산업혁명(20세기 초)에서는 전기 에너지를 통하여 대량생산이 가능해졌으며, 3차 산업혁명(20세기 말)에서는 컴퓨터와 인터넷을 기반으로 정보화 시대가 열렸습니다. 현재는 4차 산업혁명이 진행 중입니다.

노동자들은 산업혁명을 자신을 위협하는 현상으로 받아들였기에 러다이트 운동(Luddite)이라는 '기계 파괴 운동'을 일으켰지만, 산업혁명의 대흐름을 바꿀 수는 없었습니다. 당시 등장한 방직기가 노동자의 일자리를 줄인다는 생각으로 대규모 운동을 벌였지만 실패한 것이죠. 현재 진행 중인 4차 산업혁명도 마찬가지입니다. 변화를 두려워하여 기존 방식을 고수하기보다는 생존을 위해서라도 새로운 기술을 받아들이고 공부해야만 합니다. 인공지능(AI), 사물인터넷(Internet of Things, IoT), 빅 데이터, 3D 프린팅, 자율 주행차 등이 4차 산업 기반 기술이며, 소프트웨어가 중심 역할을 하므로 프로그램을 만들고 유지·보수하는 코딩 능력의 중요성이 지속적으로 높아지리라는 것을 짐작할 수 있어요.

4차 산업의 주요 기반 기술에 대해 좀 더 알아보겠습니다. 인공지능은 SF 영화에서 흔히 등장하는 소재인데요. 인간의 뇌와 유사한 기능을 실현하는 기술을 말합니다. 인공지능은 문자, 언어, 그림, 얼굴 표정 등을 인지하고, 스스로 심층 학습하며, 학습한 지식을 토대로 새로운 사실을 추론하는 등 인간만이 할 수 있는 수준 높은 정보 처리 과정을 수행합니다.

몇 년 전 세기의 대결로 화제가 되었던 구글 딥마인드가 개발한 바둑 프로그램 알파고(AlphaGo)는 기계 학습(머신 러닝)을 통해 스스로 지식을 쌓으면서 추론하고 판단하였기에 인공지능의 강력함을 보여줄 수 있었습니다. 구글 딥마인드는 알파고의 알고리즘을 활용하여 헬스케어 분야와 신약 개발, 기후 변화 예측, 무인 자율 주행차 등 더욱 다양한 영역에 적용되는 범용 인공지능 개발에 도전한다고 합니다.

이렇게 인공지능이 계속 발전하면 인간 지능을 넘어서는 순간이 찾아올 텐데요. 전문가들은 그 시점을 특이점(Singularity)이라고 하며, 2045

년 정도로 예상하고 있습니다.

위키피디아에 의하면 사물인터넷은 각종 사물에 센서와 통신 기능을 내장하여 인터넷을 통하여 서로 연결하는 기술을 말합니다. 사물이란 가전제품, 모바일 장비, 웨어러블 디바이스 등을 말합니다. 정보기술 연구 및 자문 회사 가트너에 따르면 2009년까지 사물인터넷 기술을 사용하는 사물의 개수는 9억여 개였으나, 2020년까지 그 수가 260억 개에 이를 것으로 예상된다고 합니다.[2]

물건에 해당하는 사물뿐만 아니라 동물에도 바이오칩을 내장하여 동물들의 위치를 추적하고, 건강 상태를 체크할 수 있습니다. 동물들의 체온을 주기적으로 분석하면 병에 걸렸는지, 임신 상태인지 등을 알 수 있어 사전에 대처할 수 있는 것이죠.

사물이 연결되면 인터넷을 통해 방대한 데이터가 모이게 되는데, 이를 빅 데이터라고 합니다. 빅 데이터에서 의미 있는 정보를 추출하여 새로운 가치 및 서비스를 제공할 수 있어야 합니다. 예를 들어, 혈압계, 체중계를 통하여 수집한 데이터를 클라우드로 전송하고 이를 분석하여 개인의 건강 관리에 활용하거나, 팔에 부착된 장치로부터 운동시간, 칼로리 소모량 등을 분석할 수 있으며, 베개를 베고 자면 잠을 얼마나 깊이 자는지 수면 분석을 할 수 있습니다. 클라우드 서비스란 인터넷상에 정보를 저장하므로 시간과 장소에 구애받지 않고 인터넷 접속을 통해 저장된 정보를 활용할 수 있는 서비스를 말합니다.

---

2) 출처: 위키피디아(https://bit.ly/2Uayi4B).

이처럼 세상은 하드웨어 중심에서 소프트웨어 중심으로 변하고 있으며, 대부분의 업종은 IT와 연결되고 디지털화되고 있습니다. 제조업 분야를 보면 '스마트 팩토리'라는 소프트웨어와 빅 데이터를 기반으로 한 새로운 시스템에 의하여 수백 명이 하던 일을 소수의 인원과 로봇이 하고 있어요. 놀라운 것은 이전에는 트렌드와 고객의 요구 사항을 반영한 신모델이 나오기까지 몇 달이 소요되었다면, 머지않아 하루 이내에 처리 가능한 시점이 곧 도래한다는 점입니다.

기업들이 기존 제조 공장에서 스마트 팩토리로 전환하는 추세가 빨라짐에 따라 이에 대응해서 시스템을 개발하고 운영할 소프트웨어 개발자 수요는 증가할 것입니다.

의료, 법률 등의 전문 서비스업에서도 마찬가지예요. 헬스케어라는 이름으로 의료 장비, 전자 기기들이 IT기술로 융합되고 있고, 전문가들이 제공하던 의료 진단 및 처방, 법률 서비스 등이 인공지능 시스템에 의해 많은 부분 제공되고 있습니다. 금융에서도 문제 해결 능력이 필요한 업무들이 설계자, 개발자들이 작업한 응용 프로그램에 의해서 서비스되고 있어요.

산업 패러다임이 변하고 있습니다. 이러한 현상은 국지적인 모습이 아니라 전세계적인 변화입니다. 창조적 파괴라는 변혁 속에서 무엇이 중요한 역할을 하는지 지금부터 공부하고 대응해야 합니다.

코딩을 하는 자와 못 하는 자

소프트웨어가 모든 산업에서 중심에 위치하게 됨에 따라 IT 분야 종사자만이 아니더라도 업무에서 코딩 역량을 갖추는 것이 중요하게 되었습니다. 단순히 업무 효율을 생각하더라도 일련의 규칙에 따라 반복적으로 처리되는 작업에서는 사람보다는 컴퓨터가 비교할 수 없을 정도로 월등히 빠릅니다.

코딩은 논리적 사고력, 문제 해결 능력 향상에 기여합니다. 업무를 처리하기 위해서 요건을 정의하고 분석하며, 로직을 설계하고 문제점을 보완해 나가면서 자연스럽게 사고력과 문제 해결 능력을 향상시킬 수 있는 것이지요. 무슨 일이든지 처음에는 어려워 보여도 위의 과정들을 반복하다 보면 이해도가 증가하고 자신감이 생기게 되어 있습니다.

코딩은 그 자체가 목적이 아니라 비즈니스, 업무를 처리하기 위한 도구로 사용될 때 그 힘을 발휘하게 됩니다.

기존에 전문가로 인정받던 사람도 앞으로 일반화될 환경 변화, 즉 업무 진행 과정에 필요한 프로그램 코드를 읽고 추가적인 설계를 하며, 기능 추가를 위한 코딩을 할 수 없다면 전문가의 대접을 받지 못할 뿐만 아니라 팀원 간 소통도 힘들어질지 모릅니다. 생각해 볼까요. 회사 내부에 전사적으로 사용하는 시스템이 있고, 각 팀에서는 업무를 진행하기 위해 사용하는 단위 '모듈'들이 해당 시스템에 연결되어 있어요. 하나의 프로그램은 하나 이상의 기능들의 집합인 모듈이 여러 개 모여서 만들어집니다. 다시 말해, 모듈은 기능들의 묶음입니다. 팀원들은 모듈을 조작하여 메인 시스템에 연결하거나 타 팀과 소통하며,

경우에 따라서는 대외 기관과도 통신을 합니다.

　내가 맡은 업무의 기능이 변함에 따라 모듈들을 수정해야 할 필요가 생길 때, 스스로 문제를 해결할 수 있는 인력이 있고, 사내 정보시스템부나 외부 인력의 도움을 받아야만 처리할 수 있는 인력이 있다면, 누가 더 빠른 성과를 내고 좋은 평가를 받을 수 있을까요. 그렇죠. 당연히 전자의 경우입니다. 여기서 한 가지 알아두어야 할 것이 있습니다. 외부의 지원을 받는 것도 좋을 수도 있지만, 문제는 비용만이 아니라 결과가 나오기까지 상당한 시간이 소요된다는 것입니다.

　오바마 미국 전 대통령은 코딩 교육의 중요성에 대해 다음과 같이 연설하였습니다.

　　"이번 주에 학생, 선생님, 기업 및 비영리 단체들이 미국 학교의 컴퓨터 과학을 지원하는 새로운 큰 걸음을 내딛는 데 동참하게 된 것을 자랑스럽게 생각합니다. 이러한 기술들을 배우는 것은 단순히 여러분의 미래를 위해서만 중요한 것이 아니라, 우리나라의 미래를 위해서도 중요합니다. 미국이 지속적으로 최첨단의 위치에 있기를 원한다면, 여러분과 같은 젊은 미국인들이 우리가 모든 것을 하는 방식을 변화시킬 그러한 도구들과 기술에 숙달해야 합니다. 그렇기 때문에 제가 여러분에게 동참해 주기를 부탁하는 것입니다.

　　새로운 비디오 게임을 그저 구입하지만 말고, 만들어 보시기 바랍니다. 최신 앱을 다운로드 받기만 하지 말고, 그것을 만드는 데 도움이 되어 보십시오. 스마트폰을 가지고 노는 데서 그치지 말고, 프로그래밍을 해 보십시오. 누구도 컴퓨터 과학자로 태어난 사람은 없으며, 약간의 수학 및 과학, 그리고 약간의 노력을 통해 그 누구나 컴퓨터 과학자가 될 수 있습니다.

이번 주는 여러분이 시도해 볼 수 있는 기회입니다. 그 누구도 여러분이 할 수 없다고 말하지 못하게 하십시오. 여러분이 남자든 여자든, 도시에 살든 시골에 살든 앞으로 컴퓨터는 여러분의 미래에 커다란 부분이 될 것입니다. 그리고 여러분이 열심히 노력하고 공부한다면 그 미래는 여러분들이 만들어내는 것입니다."[3]

요컨대 가까운 미래에는 코딩을 하는 자가 못 하는 자보다 생존에 필요한 기회를 더 많이 얻을 것입니다. 전문 개발자를 목표로 하지 않더라도 기본적인 코딩은 공부해야 합니다. 노력을 하면 금융, 통신, 유통, 제조, 의료, 교육, 공공, 각종 서비스업, 농업 등 다양한 업종에서 개발자로 일할 수 있습니다. '코딩은 먼 미래 이야기야, 난 코딩보다 다른 거 더 잘해'라는 생각으로 대수롭지 않게 여기다 후회하지 말고 소프트웨어 개발 능력을 갖추어 피할 수 없는 거대한 변화의 흐름에 올라타도록 해요.

3) 출처: 백악관 아카이브 사이트(https://bit.ly/2LiLUag).

CHAPTER 02

많고 많은 언어들 속에서 헤매는가

어떤 프로그래밍 언어들이 있을까

세상에는 무수히 많은 프로그래밍 언어가 있으며 각자의 주특기가 있습니다. 그러면 언어들이 어떻게 발전해 왔으며 특징이 무엇인지 알 아볼까요.

컴퓨터는 0, 1 두 개의 숫자(2진수)만 읽어서 정보를 처리하므로 컴퓨 터에게 명령을 내리기 위해서는 0, 1만 사용해서 코딩해야 합니다. 생 각만 해도 어려울 것 같습니다. 이렇게 0, 1로만 이루어진 언어를 기계 어(Machine Language)라고 하고 '1세대 언어'라고 합니다. 단어에서도 알 수 있듯이 컴퓨터가 이해할 수 있는 언어는 기계어뿐입니다.

0, 1 숫자 대신에 사람이 읽기 쉽게 문자를 사용해서 코딩할 수 있게 끔 어셈블리어(Assembly)가 나왔고 이를 '2세대 언어'라고 합니다. 하지 만 문자를 사용한다고 하더라도 사람이 이해하기 어렵고 제약사항이 많았기에 역시나 코딩하기 쉽지는 않았습니다.

이후 '3세대 언어'인 C 언어가 등장했습니다. 어셈블리어도 문자를 기계어로 변환해주는 '어셈블러(Assembler)'라는 기능을 가지고 있었지 만 단순히 1:1 치환 수준이었습니다. 하지만 C 언어는 치환이 아닌 문 자를 번역해주는 '컴파일러(Compiler)'라는 기능을 가지고 있기에 획기 적이었습니다. 개발자가 이해하기 쉬운 문자로 코딩을 하면, 컴파일러가 알아서 컴파일해서 0, 1로 이루어진 기계어로 변환해 주니 편한 세상이 온 것이죠.

참고로 개발자가 코딩한 코드를 컴파일러가 기계어로 변환해 주는 작업을 '컴파일(Compile)'이라고 합니다. 앞으로 실무에서 코딩을 하게 되면 "컴파일하고 있어요", "컴파일이 왜 안 되지", "프로그램 수정해서 또 컴파일해야 돼요"라는 말을 많이 사용하게 될 거예요.

C 언어는 이후에 등장하게 될 언어들에 많은 영향을 주게 됩니다. C 언어의 장점을 기반으로 해서 새로운 기능이 추가되어 출시된 것입니다. C 언어 이후의 언어를 '고급 언어'라고 하는데요. 고급이라고 해서 경력이 많고 능력이 뛰어난 사람이 사용한다는 의미가 아니라, 기계어에 대한 대응 개념으로 사람이 편하게 사용할 수 있다는 의미입니다.

그럼, 지금부터 대중적으로 사용되는 고급 언어들에 대해 좀 더 알아봅시다.

1) C

위에서 C 언어에 대해서 알아보았습니다. 이는 대표적인 절차적 언어입니다. 절차적 언어에 대해서는 SQL 언어 설명 다음에서 설명하겠습니다. 처리 속도가 빠르며 대부분의 OS(Operating System)에서 동작합니다. OS란 운영체제라고 번역되고 컴퓨터에 기본적으로 설치되어야 하며, 컴퓨터는 OS를 통해서 하드웨어를 관리하고 소프트웨어를 실행합니다. OS에는 Windows, Mac, Unix, Linux 등이 있고 모바일 OS에는 안드로이드(Android), iOS 등이 있습니다. C를 사용하면 게임을 포함하여 대부분의 프로그램을 만들 수 있습니다. Part 2에서 다룰 업무단 개발에서 C 프로그램이 사용됩니다.

2) Pro*C

오라클(Oracle) 데이터베이스와 연동되어 사용되는 절차적 언어입니다. Pro*C는 자체 고유의 기능도 가지고 있지만, Pro*C 프로그램 내에서 C 언어의 모든 기능을 사용할 수 있는 장점이 있습니다. 금융 프로젝트와 통신 프로젝트에서 Pro*C를 자주 사용합니다.

3) C++

C 언어를 기반으로 하여 객체지향 개념을 도입하여 기능이 확장한 언어입니다. 그러므로 C 언어의 장점을 모두 가지고 있어요. 객체지향이 무엇을 의미하는지는 아래 SQL 언어 설명 다음에서 설명하겠습니다. 우리가 많이 사용하는 마이크로소프트사의 오피스 프로그램은 C++로 개발되었어요.

4) C#

시샵이라고 읽으며, C++를 기능 개선하여 나온 언어입니다. 객체지향 언어이며, 문법이 Java와 유사하다고 볼 수 있습니다.

5) Objective-C

C++과 마찬가지로 C 언어를 기반으로 하여 객체지향 개념을 도입하여 기능이 확장한 언어입니다. iOS 앱을 만들 때 사용됩니다. C++, C#, Objective-C 모두 C 언어를 기반으로 하여 만들어졌기에 C를 알면 접근하기에 용이합니다.

6) Swift

Objective-C는 공부하기에 난이도가 좀 있는 반면에 Swift는 수월하게 접근할 수 있는 언어입니다. iOS 앱을 만들 때 사용되며, 애플사에서도 지원을 많이 하고 있습니다. 앞으로 iOS 앱을 개발할 목표를 가지고 있다면, Objective-C보다는 Swift를 공부하는 것이 유리해 보입니다.

7) Java

선 마이크로시스템즈(Sun Microsystems)에서 개발한 객체지향 언어이고 2010년에 오라클에 인수되었습니다. JVM(Java Virtual Machine) 위에서 자바 프로그램이 실행되므로 운영체제(Windows, Unix, Linux 등)에 JVM만 설치되면, 운영체제의 특성을 타지 않고 자바 프로그램이 실행됩니다. C 언어보다 느리다고 하지만, 요즘은 서버의 사양이 좋아졌기에 약간의 속도 차이는 있지만 문제가 될 만큼 크지는 않습니다. 요즘은 Java가 대부분의 프로젝트에서 주력으로 사용됩니다. Part 2에서 다룰 채널단 서버 개발, 업무단 개발에서 사용되며, Android 앱을 만들 때도 사용됩니다. 따라서 Java를 할 줄 알면 프로젝트에서 일을 구하지 못하는 일은 없을 거예요.

8) COBOL

COmmon Business Oriented Language를 줄여서 COBOL이라 부르며, 공통 사무 지향 언어로 번역됩니다. 요즘 진행되는 신규 프로젝트에서는 COBOL 언어를 거의 사용하지 않으며, 기존 개발된 시스템을 유지 보수하는 데 COBOL 인력을 필요로 하기도 합니다. 요즘은

COBOL 개발 인력이 거의 없기 때문에 COBOL로 개발된 시스템을 C, Java 시스템으로 전환하고 있어요.

9) JavaScript

이름이 Java와 비슷하지만 사실상 거의 연관성은 없으며, 웹브라우저에서 동작하는 웹 화면을 만들 때 사용되는 언어입니다. 웹/앱의 화면 개발 시 사용합니다. 그러므로 웹/앱 개발자는 JavaScript에 대해서 잘 알고 있어야 해요.

10) HTML

Hyper Text Markup Language를 줄여서 HTML이라 부르며, JavaScript처럼 웹 화면을 만들 때 사용되는 언어입니다. 최근에 기능이 추가된 HTML 5가 나왔습니다. 웹 디자이너, 웹 퍼플리셔, 웹/앱 개발자는 HTML에 대해서 잘 알고 있어야 해요.

11) CSS

Cascading Style Sheet를 줄여서 CSS라 부릅니다. 마찬가지로 웹 화면을 만들 때 사용되는 언어인데, 화면에 디자인을 적용할 때 활용됩니다. 그러므로 웹 디자이너, 웹 퍼블리셔가 주로 사용합니다. 퍼블리셔는 CSS, JavaScript를 사용하여, 디자이너가 작업한 디자인을 웹 화면으로 표현합니다. 웹 개발자는 퍼블리셔가 작업한 결과물을 가지고 코딩을 하면서 개발을 진행합니다.

12) Python

요즘 인기가 있는 언어이며, 문법이 이해하기 쉽습니다. 머신러닝 분야에서도 사용되고 있어요. CHAPTER 1에서 알아보았던 머신러닝(기계학습)은 인공지능을 통해 컴퓨터가 스스로 학습하는 것을 말합니다.

13) SQL

Standard Query Language를 줄여서 SQL이라 부릅니다. 데이터베이스를 다룰 때 사용하는 언어입니다. 데이터베이스(Database)는 줄여서 DB라고 부르며, 데이터를 저장하는 장소라고 보면 됩니다. 예를 들어서 웹/앱 화면에서 회원 가입을 할 때 화면에서 입력하는 성명, 전화번호, 주소 등의 정보가 DB에 저장된다고 생각하면 됩니다.

절차적 언어와 객체지향 언어란

위에서 언급한 절차적 언어, 객체지향 언어가 무엇인지 알아보겠습니다.

1) 절차적 언어

일반적으로 '절차적 언어'의 개념을 설명할 때 프로그램이 맨 위 1번째 코드 라인에서 마지막 코드 라인까지 순차적으로 실행되는 것이 특징이라고 합니다. 틀린 표현은 아니지만 아래에서 설명할 '객체지향 언어'도 마찬가지로 순차적으로 실행되므로, 절차적 언어는 객체(컴포넌트)를 사용하지 않는다고 표현하는 것이 좀 더 명확해 보입니다. C 언어가 대표적인 절차적 언어입니다.

절차적 언어는 기능을 처리하는 함수를 사용하여 로직을 구현하고, 아래에서 설명할 객체지향 언어는 기능을 처리하는 객체(컴포넌트)를 참조하여 로직을 구현한다고 이해하면 되겠어요. '로직을 구현한다'는 의미는 기능이나 업무 요건을 프로그램에 적용하기 위해서 코딩하는 과정을 말합니다.

객체(컴포넌트)에 대해서는 바로 아래에서 설명하며, 함수에 대해서는 Part 5의 'CHAPTER 03. 프로그램 개발'에서 자세히 알아보겠습니다.

2) 객체지향 언어

핵심은 '코드 재사용'입니다. '소스 코드=코드'이고 프로그램을 소스라고 부르며, 하나의 프로그램은 여러 줄의 코드로 이루어진다는 설명 기억나죠? 영어 컴포넌트(Component) 의미는 구성 요소, 부품인데요. 여러 부품을 모아 하나의 제품을 만들듯, 객체지향적 언어는 여러 컴포넌트를 사용하여 프로그램을 만들 수 있습니다.

한 번 만들어진 컴포넌트를 재사용하므로 코딩 시간이 단축되는데요. 예를 들어 볼게요. A라는 컴포넌트를 10개의 프로그램에서 사용 중일 경우, A 컴포넌트의 기능을 개선하면 10개의 프로그램에 일괄적으로 적용되니 아주 효율적입니다. 반면에 10개의 프로그램에서 개별적으로 A 컴포넌트 기능을 구현하였다면 기능 개선을 위해 10번의 프로그램 수정이 필요했을 것입니다.

반복적이고 상당한 시간이 소요되었을 작업을 객체지향적 언어가 해결해 주니 아주 고맙게 느껴지죠? Part 1에서 모듈이라는 용어를 사용했는데 '컴포넌트=모듈'이라고 보면 됩니다. Java, C++ 등이 대표적인 객체지향 언어입니다.

추가적인 설명이 필요할 것 같아요. 아마도 이렇게 생각하는 사람이 있을 겁니다. 'A 컴포넌트를 10개의 프로그램에 사용하면 10개 프로그램에 A 컴포넌트가 1개씩 들어가게 되므로 10개의 A 컴포넌트를 각각 수정해야 되는 것 아닌가?'라고요. 이 의문은 '참조'라는 개념으로 해결됩니다. 10개의 컴포넌트가 각 프로그램에 삽입되는 것이 아니라 10개의 프로그램이 하나의 A 컴포넌트를 참조하고 있습니다. 이렇게 비유하면 어떨까요? 주스 한 잔에 10개의 빨대가 꽂혀 있고, 주스에 설탕등을 첨가한다면 10개의 빨대를 통해서 동일한 맛을 보게 되겠죠?

일하고 싶은 분야에서 필요한 언어를 공부하면 된다

앞에서 여러 프로그래밍 언어에 대해서 살펴보았는데요. 언어가 너무 많고 부담스러워서 '컴퓨터도 잘 모르는데 역시나 할 것도 많은 코딩은 나랑 안 맞아'라고 생각할 수도 있습니다. 하지만 걱정 안 해도 돼요. 모든 언어를 숙지하고 활용할 수 있어야지만 코딩을 할 수 있거나, 개발자가 되는 것은 아닙니다. 그러면 어떤 언어부터 시작해야 좋을지 고민할 수도 있는데요. '내가 일하고 싶은 분야에서 사용되는 언어'를 공부하면 됩니다. 개발 프로젝트에서 분야별로 많이 사용되는 언어를 정리하면 다음과 같습니다.

1) 웹 개발(채널단 개발)

① 화면 프로그램 개발(프론트엔드Front-end 개발)

HTML5, CSS, JavaScript, jQuery, JSP

② 서버 프로그램 개발(백엔드Back-end 개발)

Java, DB(Oracle, DB2, MS-SQL, MySQL 등)

웹 프로젝트에 따라서 화면 개발자, 서버 개발자가 각각 있는 경우도 있지만, 일반적으로 웹 개발자가 화면 개발과, 서버 개발을 함께 수행합니다. 화면 프로그램 개발과 서버 프로그램 개발에 대해서는 Part 3의 기술 중심 개발자에서 자세히 알아보겠습니다. JSP는 서버, DB와 동적으로 연동하기 위해서 사용하는 프로그램이라고 이해하면 됩니다. jQuery, DB는 아래 부분에서 설명하겠습니다.

2) 앱 개발(채널단 개발)

① Android 개발: Java

② iOS 개발: Objective-C, Swift

③ 서버 프로그램 개발(백엔드Back-end 개발): Java, DB(Oracle, DB2, MS-SQL, MySQL 등)

스마트폰의 모바일 OS는 안드로이드, iOS로 구분되기에 앱 프로젝트에는 안드로이드 개발자와 iOS 개발자가 각각 있습니다. 안드로이드 개발자와 iOS 개발자를 네이티브(Native) 앱 개발자라고 합니다.

네이티브 앱 개발 말고 요즘 인기 있는 하이브리드 앱 개발이 있는데요. 하이브리드 앱은 웹의 화면 개발에 사용되는 기술(HTML5, JavsScript 등)을 사용하여 개발합니다. 하이브리드 앱 개발에 대해서는 Part 3의 기술 중심 개발자에서 자세히 알아보겠습니다.

안드로이드 개발자와 iOS 개발자는 스마트폰에 보이는 화면을 개발하므로, 서버 프로그램 개발자도 필요합니다.

3) 업무 시스템 개발(업무단 개발)

① 화면 프로그램 개발: 일반적으로 X-Internet 사용함
② 서비스 프로그램 개발: Java, C, Pro*C, DB(Oracle, DB2, MS-SQL, MySQL 등)

업무 개발자(업무단 개발자)는 화면 프로그램과 서비스 프로그램을 모두 담당합니다. X-Internet은 업무단 화면을 개발하기 위한 프로그램이라고 이해하면 됩니다. Part 3에서 업무 중심 개발자, 기술 중심 개발자에서 자세히 알아보겠습니다.

위의 '대중적으로 사용되는 고급 언어들'에서 알아보지 않았던 jQuery, DB에 대해서 추가로 알아보겠습니다.

jQuery는 HTML을 쉽게 조작할 수 있도록 만든 JavaScript 라이브러리입니다. 라이브러리란 유용한 기능을 가진 프로그램들의 묶음을 말합니다. 특정한 기능을 JavaScript로 구현하려면 여러 줄을 코딩해야 하지만, jQuery를 사용하면 간단하게 처리할 수 있습니다. 대부분

의 웹 프로젝트, 하이브리드 앱 프로젝트에서 jQuery를 사용한다고 보면 됩니다.

위에서 DB는 데이터베이스(Database)의 줄임말이고, 데이터를 저장하는 장소라고 하였습니다. DB의 종류에는 Oracle, DB2, MS-SQL, MySQL 등이 있으며, 실무에서는 일반적으로 오라클(Oracle) DB를 사용하여 개발합니다. Oracle 제품은 비용이 비싸므로 DB2, MS-SQL 등을 사용하기도 합니다.

필자가 생각하기에는 웹/앱 개발 시 사용되는 프로그래밍 언어를 먼저 공부하는 것이 좋을 것 같습니다. 그중에서 우선적으로 화면 개발에서 사용되는 HTML5, CSS, JavaScript를 공부하고 실제로 코딩하며, 정상적으로 실행되는지 테스트해 보면서 감을 익히는 겁니다. HTML5, CSS, JavaScript는 보통 웹서버를 통하여 실행하지만 웹브라우저만 단독으로 사용해도 코딩한 프로그램을 바로 실행할 수 있습니다. 웹브라우저에는 인터넷 익스플로러, 크롬 등이 있으며, 실무에서는 크롬을 좀 더 많이 사용합니다. 프로그래밍 언어 공부는 영어 공부와 비슷하게 생각하면 될 것 같아요. 영어를 자주 사용해야 실력이 늘어나듯 프로그래밍 언어도 자주 코딩하고 테스트하면서 시행착오를 겪어야 실력이 좋아지고 능숙해집니다.

화면 개발에 사용되는 언어 공부가 어느 정도 되었으면 다음에는 서버 개발에서 사용되는 Java를 공부하세요. Java가 상당히 어렵게 느껴질 수 있는데, 원래 좀 어려운 게 당연하다고 받아들이면 됩니다. 필자도 처음에 공부할 때 상당히 어려웠어요. 전체적으로 한 번 보고, 이후에 반복적으로 공부하면 점점 실력이 좋아지는 것을 느끼게 됨니다.

물론 Java에 대한 모든 내용을 다 알면 좋지만, 개발할 때 Java의 모든 내용이 다 필요한 것은 아닙니다. 실무에서는 담당하게 되는 역할에 따라 다소 다를 수는 있지만, 주로 많이 사용하는 기능만 반복적으로 활용합니다. 그러므로 실제 일하면서도 얻게 되는 경험과 노하우를 배경지식으로 해서 잠시 미루어 두었던 부분을 다시 공부하면 됩니다. 당부하고 싶은 것은 열심히 공부는 하되 지나친 스트레스는 받지 말자는 것입니다.

하나의 언어를 능숙하게 사용할 수 있으면 다른 언어에는 좀 더 쉽게 접근할 수 있습니다. 하나의 프로그래밍 언어를 만드는 사람은 전혀 보지도 듣지도 못한 완전히 새로운 것을 만드는 것이 아니라, 기존에 널리 알려지고 사용되는 언어를 기반으로 단점을 보완하고 좀 더 향상된 기능을 추가해서 만들기 때문입니다. 그러므로 Java 활용에 익숙해지게 되면 비슷한 수준 또는 그 이상의 언어를 좀 더 수월하게 접근하고 공부할 수 있습니다.

Part 2에서 화면과 서버에 대한 개념을, Part 3에서 전문 분야별로 사용되는 언어에 대해서 추가적으로 설명하겠으니 지금은 어떤 언어들을 공부해야 할지 방향성만 잡으면 되겠습니다.

CHAPTER 03

어떻게 공부할 것인가

독학

마이크로소프트를 창업한 빌 게이츠는 혼자 코딩 공부를 했습니다. 온라인 결제 서비스 페이팔을 창업했으며 현재 스페이스X, 테슬라의 CEO인 엘론 머스크도 코딩을 독학했어요. 텀블러의 CEO인 데이비드 카프, 인스타그램의 CEO인 케빈 시스트롬도 마찬가지로 스스로 공부했습니다. 너무 유명인들만 사례로 들었나요? 한국을 포함하여 외국의 IT 회사에는 비전공이지만 독학으로 공부하여 개발자로 활동하는 사람이 많습니다.

컴퓨터 관련 학과를 졸업했거나 특별한 능력을 가진 사람만 개발자가 되는 것이 아닙니다. 중고등학생, IT 비전공자, 평범한 직장인, 가정주부 등 누구나 프로그래머가 될 수 있어요. 코딩을 하는데 어려운 수학이나 과학, 논리학 지식이 필요한 것이 아니므로 걱정할 필요가 없어요.

필자도 대학교에서 문과를 졸업한 후, 진로를 고민하다가 형님의 조언을 듣고 IT 교육원에서 개발 과정을 수료한 후 개발자 일을 시작하여 40대 중반을 넘어선 지금까지 현장에서 일하고 있습니다.

잠깐 과거를 회상해 볼까요. 6개월간 진행된 교육 과정은 쉽지 않은 어려움의 연속이었습니다. 길지 않은 시간에 많은 내용을 듣다 보니 배운 것을 소화하기가 어려웠고, 대부분의 강사분들이 열정적이었지만 간혹 그렇지 않은 분도 있었어요.

여러 과목이 어려웠지만 특히 Java가 더 심했던 것 같습니다. 강사분의 실력은 좋았지만 제가 이해하지를 못했어요. 여러 가지 Java 입문서를 봤지만 원리를 이해하지 못하다가, 인터넷 동영상 강의를 여러 번 듣고 어느 정도 감을 잡았던 것으로 기억됩니다.

외향적인 성격이 아니라 적응하기도 쉽지 않았고, 이 일이 나에게 맞는지, 취업을 해서 개발자로 생계를 이어나갈 수 있을지 걱정도 많았어요. 다행히 수료 후 작은 회사에 취직해서 개발자로의 삶을 시작했고, 그 후 점차 나은 환경에서 일할 수 있게 되었습니다.

교육원에는 다양한 전공을 가진 동기생들이 많았는데요. 그중 한 명을 지금까지 주기적으로 만나고 있으며, 그 친구도 좋은 일, 나쁜 일을 모두 겪으면서 IT 회사에서 장기근속을 하고 있습니다.

어떤 일이나 마찬가지겠지만 처음 시작하는 일이 수월하지는 않겠지요. 하지만 노력하고 적응하고자 한다면 누구나 성과를 낼 수 있는 것이 코딩입니다.

전공자, 비전공자를 구분하고 비전공 개발자를 평가 절하하며 전체 수준을 떨어뜨리는 사람으로 여기는 분위기가 있는 것 같습니다. 대학에서 컴퓨터 관련 학과를 전공하였다고 해서 모두가 실무에서 코딩을 잘하거나 뛰어난 업무 능력을 보이는 것은 아닙니다. 오히려 비전공으로 다른 직종에서 근무하다가 목표를 가지고 늦은 나이에 어려움을 이겨내고 공부해서, 개발자로 좋은 평가를 받으며 성실히 생활하시는 분들 또한 많습니다. Part 3에서 다룰 '업무 중심 개발' 분야의 업무 분석, 설계, 개발에서는 인문사회과학 전공자들이 더 좋은 성과를 냅니다.

필자는 과거에 무엇을 전공했는지, 어떤 일을 했는지보다 현재 개발에 임하는 자세가 중요하다고 봅니다. 책상에 오래 앉아 무릎이 약해지고, 식사 때 책을 보느라 밥만 먹었으면 좋겠다고 생각하며, 새벽에 일어나 컴퓨터 앞에 앉고, 출퇴근 시 책이나 신문을 손에서 놓지 않으며, 퇴근 후 피곤한 몸을 이끌고 도서관에 가는 열의와 자세가 중요하다고 생각해요. 다른 직종도 마찬가지겠지만 개발 분야에서는 노력과 인내와 열정이 결과물의 품질을 좌우합니다.

프로그래밍 책을 선택할 때는 서문과 목차, 본문 내용을 훑어본 후 자신에게 맞는 책인지, 원하는 내용이 있는지 확인하고 결정하는 것이 좋습니다. 베스트셀러나 다른 사람이 좋다고 추천한 책이 본인에게도 꼭 맞는 것은 아니에요.

IT 서적의 가격이 일반 서적보다 상대적으로 높은 편이므로 온라인 문서를 활용해서 공부한 후에 책을 구입해서 봐도 좋을 것 같습니다. 온라인 문서에는 블로그, 카페, 커뮤니티 등에 올라온 글이 해당됩니다. 온라인 문서가 책만큼 체계적이지 않고 분량 면에서 부족할 수도 있지만, 책보다는 다양한 해결책과 예제를 제시하는 온라인 문서가 코딩하면서 생긴 궁금한 사항을 해결하는 데 더 효과적인 경우가 많습니다.

집 근처 멀지 않은 거리에 도서관이 있다면, 원하는 책을 대출해서 읽다가 나중에 서점에서 구입해도 됩니다. 요즘은 도서관에서 희망도서를 신청받으므로 서점에서 관심 있게 본 책을 도서관 홈페이지에서 등록하면 됩니다. 대략 보름 정도 지나면 희망 도서가 도착했다는 문자를 받을 수 있습니다.

구글링, 즉 구글로 필요한 정보를 검색해서 문제를 해결하는 습관을 들이는 것도 좋아요. 공부하거나 개발 일을 진행하다 보면 독특한 상황을 만나게 되는 경우가 있습니다. 이때 문제를 해결하려고 혼자 고민하다 보면 진도를 못나가게 되는데, 해결책이 국내 온라인 문서에는 없지만 해외 온라인 문서에 나와 있는 경우가 종종 있습니다. 또한 유튜브에 올라와 있는 동영상 강좌도 양호한 콘텐츠를 많이 제공하고 있으니 함께 활용하도록 합시다. 영어를 알면 문제 해결에 많은 도움이 되므로 영어를 깊게는 모르더라도 멀리하지는 않았으면 합니다. 영어 공부에 대해서는 Part 6에서 함께 생각해 보기로 해요.

코딩 공부에 자격증을 활용해도 효과적입니다. 필자는 Java를 공부할 때 선 마이크로시스템즈에서 가이드하는 Java 자격증 로드맵에 따라 공부했어요. 참고로 선 마이크로시스템즈는 2010년 오라클에 인수되었고 오라클에서 Java를 서비스하고 있습니다. 선 마이크로시스템즈에서는 개발자가 Java를 순차적으로 공부할 수 있도록 자격증 취득 순서를 표시한 로드맵을 제공했는데요. 필자도 SCJP(Java 과정), SCWCD(JSP 과정), SCBCD(EJB 과정) 순서로 자격증을 취득하면서 공부하였습니다. 사실 자격증 취득 자체는 부수적인 것이며, 공부 과정에서 기본서를 통해서 Java를 체계적으로 공부할 수 있다는 것이 핵심입니다.

앞에서도 말했듯이 한번에 모든 내용을 다 알아야 하는 것은 아닙니다. 그러므로 난이도 높은 부분 또는 실무에서 사용되는 빈도가 낮은 부분은 조금 뒤로 미루고 나중에 공부해도 좋습니다. 쉬운 프로그램부터 만들고 실행하고 문제를 해결하면서 적응합니다. 다른 사람과 비교하거나 너무 조급해하지 말고, 작고 기초적인 것을 성취하면서 다음 목표로 나아가면 됩니다.

공부를 하면서 어느 정도 실력이 붙으면 게시판 프로그램 만들기에 도전해 봅시다. 우리가 인터넷에서 흔히 접하는 게시판 프로그램 말입니다. 게시판에는 일반 화면에서 사용되는 기본 기능이 모두 들어 있어요. 화면에서 처리하는 조회, 등록, 수정, 삭제, 페이징 기능이 구현되어 있습니다. 페이징이란 다음 페이지 보기, 이전 페이지 보기, 특정 페이지 보기 등을 처리하는 기능을 말합니다. 조회 기능부터 하나씩 만들어 나가다 보면, 어느덧 게시판의 기본 기능이 모두 완성됩니다.

여기서 멈추지 말고 기능을 더 추가해 봅니다. 첨부 파일, 회원 관리, 로그인/로그아웃, 쪽지 쓰기 등을 추가하다 보면 내공은 깊어지고 성취감은 커질 거예요. 게시판을 제대로 이해하고 만들 수 있으면, 업무 화면에서 사용되는 기본적인 기능은 구현할 수 있기 때문에 프로젝트 현장에서 자신감 있게 일할 수 있습니다.

개발 실력이 초급에서 중급으로 올라오면서 새로운 프레임워크, 오픈 소스 라이브러리 등을 테스트해 보고 싶을 때 게시판 프로그램을 활용하면 화면의 기본적인 기능이 어떻게 처리되는지 확인할 수 있으므로 유용합니다. 프레임워크, 오픈 소스 라이브러리에 대해서는 Part 5의 'CHAPTER 03. 프로그램 개발'에서 자세히 알아보겠습니다.

모든 공부가 그렇듯 며칠 열심히 했다고 해서 코딩 공부가 완성되는 것은 아닙니다. 스트레스를 덜 받도록 자기관리를 하고 장기 레이스를 펼치는 방식으로 생각의 범위를 넓히고 인내하면서 조금씩 실력을 쌓아나가는 것입니다. 말처럼 쉽지는 않겠지만, 지루하고 반복적인 과정을 참고 이겨내야 합니다.

공부하고 직접 코딩하다 보면 오타, 세미콜론 누락 등 크고 작은 시행착오를 거치게 됩니다. 이러한 문제를 하나씩 해결해 나갈 때 그 언어에 대한 이해도가 깊어지게 됩니다.

학원 수강

요즘은 좋은 책도 많고, 인터넷에 다양한 자료가 공유되어 있기에 독학으로 충분히 코딩 공부를 할 수 있지만, 필요에 의해서 학원 수강도 가능합니다.

학원의 장점에 대해 간략히 정리하면 다음과 같습니다.

① 효과적인 교육 시스템을 가지고 있으므로, 노력한다면 소기의 성과를 얻을 수 있습니다.
② 효율적인 시간 관리가 가능합니다. 강의실이라는 제한된 공간에서 생활하고 공부하므로 시간 낭비를 줄일 수 있습니다.
③ 학습 상담이나 진로 등에 대해 조언을 받을 수 있습니다
④ 자신의 수준에 맞는 교육 과정(기초 과정, 심화 과정, 전문가 과정)을 선택할 수 있습니다.

⑤ 강의를 함께 듣는 수강생과 교류할 수 있기에 정보 공유가 가능하고, 서로의 어려움을 해결하는 데 도움을 줄 수 있습니다.

모든 학원이 똑같지 않으므로 학원 선택이 중요합니다. 인터넷 카페, 커뮤니티 등에서 학원에 대한 평가 정보를 활용하면 잘못된 선택으로 인한 시간적, 금전적 낭비를 피할 수 있습니다.

필자는 학원에 너무 의존할 필요는 없다고 생각하지만, '정해진 기간 (6개월 전후) 내에, 취업에 필요한 여러 가지 과목을 집중적으로 공부할 수 있으므로 실무에 필요한 기본기를 다질 수 있다'는 측면에서 학원을 활용하면 유용하다고 판단됩니다. 교육 과정 마지막에는 수강생을 몇 개의 팀으로 나누어 각각 다른 주제로 프로젝트를 수행하는데, 실무에서 동료와 협업하여 프로젝트를 진행하는 것과 유사합니다. 실제 현장이 아닌 학원 내에서 하는 것이지만, 팀원들과 협업하여 하나의 프로젝트를 완성했다는 것은 취업에 도움이 되는 경험이라고 할 수 있습니다.

독학이든 학원 수강이든 처음에는 의욕을 가지고 시작을 했지만, 시간이 지나면서 자신감이 떨어지고 흥미를 잃어버릴 수도 있습니다. 코딩하면 작은 오타로 인해 프로그램에 오류가 발생하고, 문제를 해결하느라 반나절이 지나가기도 합니다. 많은 시간을 투자한다고 하여 문제가 항상 해결되는 것도 아닙니다. 짜증이 나고 컴퓨터를 던지고 싶어집니다. 혹자는 실제로 그렇게 했다고도 합니다. 그러나 코딩을 하면 스트레스가 수반되기도 한다는 것을 마음 편하게 받아들이면, 문제를 해결했을 때 찾아오는 짜릿한 희열을 만끽할 수 있어요. 지금은 힘들고 지치더라도 시간이 지나 경력과 경험이 쌓이게 되면 즐기면서 코딩하는 순간이 찾아옵니다.

코딩이 잘 안 되고 도저히 문제의 원인을 알 수 없을 때는 잠시 의자에서 일어나서 밖으로 나가세요. 한밤중이라면 컴퓨터를 끄고 잠을 자도 좋습니다. 그렇게 머리를 쉬게 한 후에 다시 코드를 보면 의외로 안 풀리던 문제가 해결되는 경우가 많습니다.

공부든 일이든 처음에는 어렵고 힘들지만 하다 보면 적응되고 가속도가 붙습니다. 매일 꾸준히 한 걸음씩 나아가는 연습을 합시다.

CHAPTER 04

개발자에게 필요한 자세

재능보다는 노력

과학이나 컴퓨터에 재능을 가지고 있느냐 또는 남들보다 특별한 능력을 가지고 있느냐가 중요한 것이 아니라, 절실함을 가지고 열심히 노력하는 자세가 중요한 것입니다.

재능의 가치를 부정하지는 않지만, 노력 없이는 성과도 없습니다. 무엇보다 프로그램 개발에 있어서는 재능보다는 노력이 중요합니다. 재능이 없는 것보다는 있는 것이 좋겠지만, 재능을 믿고 노력 안 하는 사람보다는 재능이 없더라도 열심히 노력하는 사람이 더 좋은 결과물을 만들어 낼 수 있습니다.

물론 IT에도 전문적인 수학적, 공학적 지식을 바탕으로 고도의 알고리즘을 설계하고 개발하는 분야가 있고 그곳에는 남다른 재능이 필요할 수도 있겠지만, 우리가 일하는 웹/앱 개발(채널단 개발), 다양한 산업이 가지고 있는 고유 업무를 처리하는 업무 시스템 개발(업무단 개발)에서는 관련이 없는 사항입니다. 노력과 인내와 열정이 결과물의 품질을 좌우하고, 고객을 만족시킬 수 있습니다. 노력을 해야만 업무와 기술에 대한 이해도가 높아지고 자신에게 잠재되어 있는 능력도 발휘할 수 있습니다.

필자도 15년 이상의 개발 경력을 가지고 있지만, 익숙하지 않은 언어를 사용할 때는 개발에 들어가기 전에 여러 권의 책을 공부하고 인터넷에 정리되어 있는 문서도 참고합니다. 그렇더라도 실제 개발을 진행하면 수월하게 진도가 나가지 않고 많은 시행착오를 거칩니다. 에러를 어떻게 처리할지, 코드를 어떻게 조합해서 로직을 구현할지 고민해요. 책에 나와 있는 내용을 응용해 보기도 하고 인터넷에 키워드로 검색하기도 하며 주변 개발자에게 물어보기도 합니다.

요즘은 실무 프로젝트에서 대부분 Java를 기본으로 사용하지만, 경우에 따라 다른 언어를 사용하기도 합니다. 다른 언어라고 하면 앞에서 살펴보았던 C, Pro*C, Python 등이 되겠지요. 사용하지 않던 언어로 개발을 하려면 답답하기도 하고, 모니터에 보이는 깨끗한 화면에 코드를 만들어 나가기가 쉽지 않습니다.

영어를 자주 사용하지 않으면 단어 스펠링이 기억나지 않거나 독해나 듣기가 잘 되지 않는 것처럼, 프로그래밍 언어도 자주 사용하지 않으면 문법이나 사용 방법을 잊어버립니다. 그럴 때는 전에 공부했던 책을 또 공부하면 됩니다. 이전에 보았던 책이니 빠르게 읽을 수 있겠지요. 그전에 공부하면서 정리해 두었던 프로그램도 어떻게 로직을 구현했는지 참고하면서 과거의 기량을 회복하도록 노력합니다.

늦은 나이에 공부를 시작해서 개발자의 모범이 되고 프로젝트에서 리더십을 발휘하는 경우도 많습니다.

필자가 40대 중반을 넘어 후반이 되어 가고 있지만 프로젝트에서 현역으로 열심히 활동하고 있습니다. 50대로 보이는 개발자분도 익숙하지 않은 언어를 공부하면서 성실히 개발하고 있으며, 프로젝트에 좋은 영향을 주고 있습니다. 그분들에게는 Java나 오픈 소스보다는 COBOL이나 C가 익숙할 수 있습니다. 앞에서 말했듯이 모르는 것은 책이나 인터넷으로 공부하거나 다른 개발자에게 물어보면서 일을 하면 되므로, 나이가 많다고 생산성에 문제가 되지는 않습니다. 그러므로 공부하는 것을 두려워하지 마세요. 나이가 너무 많다고, 대학을 나오지 않았다고, 전공으로 인문학을 했다고 포기하지 마세요. 사람의 뇌는 나이가 들어서도 부지런히 사용하면, 뇌신경 세포들은 계속적으로 새롭게 변화하고 발전한다고 합니다. 열심히 노력하면 당당히 실무에서 프로젝트를 수행할 수 있고, 좋은 성과를 낼 수 있습니다.

디테일(Detail)로 승부

프로그램을 개발하고 테스트할 때는 동작하는 데 문제가 없더라도, 겉으로 드러나지 않는 이면의 작은 것에 신경 쓰도록 노력해야 합니다. 프로그램 개발과 테스트에 대해서는 Part 5에서 자세히 알아보겠습니다.

개발할 때 '바쁘니까', '별 문제 없겠지' 하는 생각으로 세부적인 것을 신경 쓰지 않고 보완하지 않는다면, 나중에 개발 완료 이후 고객을 상대로 실제 서비스를 할 때 속도가 느려지는 등 성능 문제가 발생할 수 있고, 심하면 오류가 발생할 수도 있습니다. 사소한 것을 무시했다가 큰 것을 잃게 될 수 있는 것이죠. 참고로 프로그램 개발을 완료하면, 대외적으로 고객을 대상으로 서비스를 하게 되는데요. 온라인으로 인터넷 뱅킹을 하거나, 주식 거래를 하거나, 쇼핑몰에서 물건을 주문하고 결제하는 등 우리가 일상적으로 PC나 스마트폰을 사용해서 처리하는 기능 모두가 서비스에 해당합니다.

개발 완료 후에는 자신이 개발한 것을 개선하려는 노력도 필요합니다. 실제 서비스에 문제가 없더라도 나중의 '프로그램 유지·보수'를 효과적으로 수행하기 위해, '타 업무 팀과의 연동 작업'을 유연하게 진행하기 위해 개선 작업이 필요합니다. 내가 조금만 노력하면, 유지·보수하는 개발자와 타 업무팀 개발자의 시간과 비용을 줄일 수 있습니다. 원활한 서비스를 제공하기 위하여 프로그램을 수정하거나, 기능을 보완하는 작업을 '유지·보수'라고 합니다.

개발은 디테일(Detail)의 정도에 따라 프로그램 성능과 품질에서 격차를 벌릴 수 있습니다. 프로그램이 실행되기만 하면 개발은 끝이라고 생각하지 말고, 작은 부분이라도 개선하려는 노력이 필요합니다.

가독성이 좋은 소스 코드를 만들거나, 다른 개발자가 내가 만든 소스 코드를 보더라도 쉽게 이해하고 파악할 수 있도록 친절하고 상세하게 주석을 다는 것 등이 개선하려는 노력에 해당합니다. 주석이란 프로그램 내에 프로그램의 기능, 업무 요건, 주의 사항 등 소스 코드에 대한 설명을 적어 놓은 것을 말합니다.

상대방에 대한 배려, 공감

프로젝트는 혼자서 하는 것이 아니기에 나만 잘한다고 해서 원활히 진행되는 것이 아닙니다. 팀원들과 협업하고 문제를 함께 해결함으로써 개발을 성공적으로 완수할 수 있습니다. 그러기 위해서는 프로젝트 구성원에 대한 배려와 공감에 대해서 생각해야 합니다.

팀 동료들에게는 친하다고 함부로 대하지 말고 예의 바르고 겸손하게 행동해야 합니다. 내가 나쁜 의도 없이 한 말이나 행동이 상대방의 기분을 상하게 하거나 상처가 될 수 있습니다. "아, 짜증나네!", "이것도 제대로 못하나"라며 혼자 중얼거리는 작은 소리도 상대방의 귀에 들어갈 수 있습니다. 겸손은 상대방을 편안하게 하고, 주변 인간관계를 매끄럽게 하므로 멀리 보면 나에게 이익이 되는 생활의 자세입니다.

논리적으로 말만 잘한다고 하여 상대방과 소통할 수 있는 것은 아닙니다. '나의 견해가 완전하지 않고, 내가 실수할 수도 있다'는 생각으로 구성원들과 여러 사안에 대해서 원활하게 소통합니다. 무엇보다 상대방의 이야기를 경청하는 태도가 소통의 시작입니다.

상대방의 말을 중간에서 끊지 않고 몸짓, 표정, 맞장구 등을 곁들여 '내가 진정으로 당신의 말에 귀 기울이고 있다'는 것을 전달합니다. 상대방은 '자신이 인정받으면서 존중받고 있다'고 느낌으로써 마음을 열고 대화에 응하게 됩니다. 경청하면서 모르거나 이해가 되지 않는 부분은 질문을 통해 정확히 이해하도록 합니다.

상대방의 업무 처리가 마음에 들지 않는다고, 여러 사람들과 함께 있는 공간에서 불만을 표시하지 않도록 합니다. 사람은 타인의 시선과 평가에 신경 쓰므로 '내가 일을 제대로 하지 못했다, 내가 문제를 야기했다'는 것이 공개적으로 표시되는 것을 싫어합니다. 부주의한 행동으로 인해 상대방의 감정을 격하게 만들고 문제를 심각하게 만들 수 있습니다. 그러므로 회의실이나 조용한 공간에서 상대방의 감정을 배려하면서 차분하게 자신의 의사를 전달해야 합니다.

서비스 마인드

미국의 유명한 작가이자 세계적 컨설턴트인 제프리 폭스는 직원이 받는 급여에 대해서 다음과 같이 말하였습니다.

> "어떤 기업이든 모든 직원의 급여는 고객이 지불함을 기억해야 한다. 급여는 기업 소유주나 사장에게서 나오는 것이 아니다. 멀리 떨어져 있는 은행 계좌나 노동조합에서 나오는 것도 아니다. 급여는 고객에게서 나오는 것이다."
>
> - 조영탁, 『위대한 경영자들의 말』 중

자기 사업을 하고 있다는 마음으로 고객에게 훌륭한 서비스를 제공하도록 노력해야 합니다. '내가 기술자다. 너는 모른다'는 식의 불통이 아니라 상대방을 이해하고 소통하려는 노력이 필요해요. 고객의 니즈,

요구 사항을 파악하고 그것을 구체화하여 어떻게 구현해야 사용자가 업무를 원활히 수행할 수 있을지 생각해야 합니다. 근본적으로 나의 월급이 어디서 나오는지를 염두에 두어야 합니다.

좋은 업무 태도와 적극적인 자세를 가짐으로써 고객으로부터 신뢰를 얻을 수 있도록 합시다. 프로그램으로 구현할 업무에 대해서 분석하고 고객이 원하는 요구 사항을 면밀히 파악하여, 고객이 '내가 만든 프로그램'을 사용하여 업무 처리를 빨리하고 정확하게 할 수 있도록 해요. 고객은 개발에 들어간 비용에 비해서 더 큰 혜택과 만족감을 얻으므로 그가 느끼는 가치는 더 클 것입니다.

환경 적응

하나의 기술에 익숙해지려고 하는데, 또 새로운 기술이 등장합니다. 그래서 개발자는 새로운 것을 받아들이고 늘 공부하는 습관을 길러야 합니다. 하지만 항상 무엇인가 공부해야 한다는 것은 개발자에게 부담이 됩니다. 바쁜 와중에 틈틈이 책도 보고, 강의도 들으면서 공부하고, 습득한 지식을 실무에 사용하면서 나름 적응해 나가고 있는데, 또 뭔가 새로운 것을 해야 한다니 짜증도 납니다.

필자도 프로젝트에 투입되면 그곳에서 표준으로 사용하는 프로그램 도구들을 새롭게 배웁니다. 프로그램 도구에 대해서는 Part 5의 'CHAPTER 03. 프로그램 개발'에서 자세히 알아보겠습니다. 규모가 큰 프로젝트에서는 전담팀에서 개발자 교육 일정을 잡고 강의를 진행하지만, 기간이 짧거나 규모가 작은 프로젝트에서는 별다른 교육이나 적응 기간 없이, 개발을 바로 진행해야 하는 경우도 있습니다.

중요한 것은 그것을 피할 수 없다면 수동적인 자세가 아니라 능동적으로 즐기면서 공부하는 것입니다. 자신의 역량을 키우고 성장하면 그에 대한 대가는 자연스럽게 따라오게 되어 있어요.

자신의 개발 영역이 업무 중심이라면 업무 공부도 마찬가지로 꾸준히 해야 합니다. 전문 분야에 대해서는 Part 3에서 자세히 알아보겠습니다. 개발이라는 것이 고객의 비즈니스 업무 요건을 프로그램으로 만드는 것이므로 업무를 파악하지 못하여 제대로 설계하지 못한다면, 이미 개발해 놓은 것을 재개발하거나 그로 인해 일정에 차질을 빚는 일이 생길 수도 있습니다.

담당하는 업무, 회사가 제공하는 서비스에 따라 편차는 있지만, 프로젝트 기간이 짧게는 몇 개월, 길게는 1~2년이므로 개발자로 일하면서 다양한 프로젝트를 경험하게 됩니다. 개인에 따라서 마음에 안 드는 프로젝트가 더 많다고 느낄 수도 있어요. 불만 이유가 업무일 수도, 사람일 수도 있지만 모든 것이 잘 갖추어진 프로젝트는 드문 것 같습니다. IT 업무만이 아니라 다른 직종도 마찬가지 같아요. 언론에서 나오는 신의 직장이라고 마냥 좋은 것은 아닙니다.

뜻하지 않게 어려운 프로젝트를 만나게 되더라도 힘들다고 좌절하거나, 하루하루를 고통의 연속으로만 볼 것이 아니라, 그 속에서 지식과

경험을 얻어야 하는데요. 지식과 경험이 쌓이다 보면 한 단계 도약할
수 있는 기회가 반드시 찾아옵니다. 그 기회라는 것은 더 나은 프로젝
트일 수도 있고, 더 좋은 직장일 수도 있으며, 창업일 수도 있습니다.

CHAPTER 05

취업

진로를 정하자

코딩을 공부하여 실력을 쌓은 후, 일할 수 있는 분야는 크게 웹/앱 개발자, 업무 개발자, 솔루션 개발자이며, 고객사(발주사)나 수행사에서 근무하게 됩니다. 고객사(발주사)는 프로젝트를 발주한 회사를 뜻하고, 수행사는 프로젝트를 수주하여 개발을 진행하는 회사를 의미합니다. 계약서상에서 고객사(발주사)는 갑이 되고, 수행사는 을이 됩니다. 고객사(발주사)에는 금융 회사, 통신 회사, 유통 회사, 공공 기관 등이 있고, 수행사에는 SI 회사, IT 서비스 회사, 솔루션 회사 등이 있습니다.

SI란 System Integration의 약자이고 시스템 통합이라고 번역되며, 회사의 업무를 처리하기 위하여 정보 시스템을 구축하고 운영하는 것을 말합니다. IT 서비스에는 포털, 전자 상거래, 전자 결제, 온라인 교육 등이 있습니다. 솔루션이란 회사에서 도입하여 사용할 수 있는 제품화된 상용 프로그램을 말하며, 자체 개발하는 것보다 전문성을 가지고 있는 회사의 솔루션을 사용하면 시간과 비용 면에서 유리하다는 장점이 있습니다.

현장에서 진행되고 있는 대부분의 SI 프로젝트(개발 프로젝트)에서는 웹/앱 개발자(채널단 개발자), 업무 개발자(업무단 개발자)가 일하고 있습니다. 그러므로 이러한 분야에서 일하는 것을 목표로 해서 공부하고 준비하면 취업하는 데 수월합니다.

필자도 웹 개발자로 일을 시작하였고, 현재는 업무 개발을 중심으로 하고 있으며, 업무와 연계된 하이브리드 앱 개발도 부수적으로 하고 있어요. 웹 개발 기술과 경력을 가지고 있으면, 다른 분야로도 연결될 수 있으므로 웹 개발에 필요한 공부를 우선적으로 하는 것도 좋은 방법이라고 생각합니다. 금융, 통신, 유통 등 여러 산업 분야가 있으므로 어느 한 분야에 대한 전문성을 키우도록 노력하세요. 차후 프로젝트 선택이나 이직 시 많은 도움이 됩니다. 전문 분야별 개발자에 대해서는 Part 3에서 자세히 알아보겠습니다.

자신감을 가지고 면접에 임하자

면접에서 중요한 것은 자신감이며, 면접관이 듣고 싶어 하는 답변을 명확하게 전달하는 것입니다. 밝은 표정과 안정되고 자신감 있는 목소리로 좋은 첫인상을 면접관에게 전합시다. 설령 평소에는 무뚝뚝하고 소심하더라도, 면접장에서는 평소의 내가 아닌 달라진 나의 모습이 필요해요. 연기 오디션을 보러 왔다고 생각하고 연습합시다.

면접에서 '나는 일을 하고 싶다, 열심히 하고 잘할 자신이 있다'는 의지를 보여야 합니다. 여기서도 디테일이 필요한데요. 예를 들어, 단순히 '열심히 준비하고 있다'는 표현보다는 '체력관리를 위해 매일 아침 몇 시에 일어나서 운동을 한다', '프로그래밍 기본서를 공부하면서 실제 코딩하고 실행해보는 것에 만족하지 않고, 응용하여 이런 저런 기능을 추가한다', '내가 만든 프로그램을 친구들에게 공개하고 피드백을 받아 개선한다', '코딩 시 오류가 발생하면 1안으로 해결을 시도하고, 여의치 않을 때는 2안, 3안으로 계속 도전한다'처럼 구체적인 말로 어필해서 면접관에게 진실성이 전달되도록 해야 합니다. 그래야 수십 명의 지원자들 중에 기억에 남는 사람이 되고 선택받는 사람이 됩니다.

신입직의 경우는 아무래도 자신감과 하고자 하는 의지를 많이 보며, 경력직의 경우는 해당 업무 경험이 있는지, 프로젝트에서 요구하는 기술을 사용할 수 있는지 등을 중요시합니다. 또한 경력직은 '이전 직장에서, 과거 수행했던 프로젝트에서 어떻게 생활하였는지' 평판 조회를 자주 합니다. 의도하지 않았지만, 과거에 대한 안 좋은 평판이 현재 원하는 곳에서 일하는 데 장애가 될 수 있습니다. 많은 이들이 '실패한 프로젝트 또는 평가가 좋지 않은 프로젝트는 이력에 넣지 마라'라고 조언합니다. 프로젝트에서는 책임감 있게 일하고, 상대방을 배려하고 존중하는 마음을 가지며, 문제 해결을 위해 팀원들과 협업하는 자세가 필요합니다. 작은 것이 걸림돌이 되지 않도록 평소에 성실하게 일하고 인간관계에 신경을 써야겠죠?

프로젝트에서 맡은 업무를 열심히 수행하고 좋은 인간관계를 유지하면 이전 프로젝트에서 함께한 리더 또는 팀원으로부터 추천을 받아서 프로젝트에 참여하거나 입사하는 경우가 자주 있어요. 필자도 프로젝트를 진행하다 보면 수행사로부터 주변에 좋은 인력을 소개해 달라는 말을 자주 듣습니다.

주변의 개발자를 봐도 경력이 10년 이상 되면 구직 사이트를 통하지 않고 인맥을 통해서 일을 구하는 경우가 많아요. 여담이지만 추천을 통해서 들어가면 급여 수준도 조금 더 높답니다.

아는 지인이 선망하는 회사에 입사하여 자리를 잡아가는 중에 추가 인력이 필요하게 될 경우, 평소에 자신이 좋게 평가하는 인력을 추천해서 같은 회사의 직원으로 일하는 경우도 있어요.

"안녕하세요. 전에 함께 프로젝트를 수행했던 A 회사의 누구입니다. 잘 지내시나요. 다름이 아니라 이번에 당사에서 B 프로젝트를 진행하게 되었고, C 업무를 담당할 인력이 필요해서 전화를 드리게 되었습니다. 혹시 가능하신가요?"

"안녕하세요. 오랜만입니다. 연락 주셔서 감사합니다. 그런데 아쉽지만 현재 D 프로젝트를 ○○까지 진행 중입니다."

"아 그래요. 그러면 프로젝트 종료 시점에 다시 연락드리겠습니다."

일을 하고 있는 중에, 전에 함께 일했던 수행사로부터 위와 같은 제안을 받으면 뿌듯하고 자신이 자랑스러울 겁니다.

'적당히 일하고 돈 벌자'는 마인드도 상황에 따라서 합리적인 판단일 수도 있겠지만, 전문가로 인정받고 신뢰할 수 있는 사람이 되도록 노력하는 것이 앞날을 위해서 현명한 선택입니다. 내가 도움을 받을 수도 있지만, 내가 도움을 줄 수 있는 사람이 되어 보면 어떨까요?

신입의 경우에는 경력이 없다고 너무 기죽지는 말아요. 일화가 있는

데요. 경력이 거의 없는 신입이 대리급 이상의 경력자와 함께 면접장에 들어갔고, 지원자 2명에 면접관 2명으로 면접이 진행되었습니다. 초반에는 지원자와 면접관이 각각 1:1로 면접을 진행했는데, 중반 이후에는 신입의 자신감과 당당함에 분위기가 반전되어 거의 1:2로 면접이 진행되었으며, 결과적으로 그 신입이 입사의 기쁨을 가지게 되었다고 합니다. 역시나 자신감이 얼마나 중요한지 알 수 있습니다.

목표를 설정하고 단계적으로 올라가자

지금은 원하는 업무를 할 수 없고 원하는 회사에서 일을 못하더라도 실망할 필요는 없습니다. 처음에는 작은 회사에서 일을 시작하였으나 업무에 대해서 지식과 경험을 착실히 쌓아 나가고 필요 시 추가적인 조건을 갖추면, 고객사(금융 회사, 통신 회사, 공공 기관 등)든지 수행사(SI 회사, IT 서비스 회사 등)든지 목표로 하는 회사로 이직할 수 있습니다. 개발자가 시스템을 개발하고 운영하는 곳에서 전문가적인 역량을 발휘하고, 주위로부터 좋은 평가를 받을 경우 고객사부터 직원 채용 제의를 받기도 합니다.

중요한 것은 열심히 노력하면 자신이 원하는 바를 이룰 수 있다는 것이며, 우리가 잘 알고 있듯이 기회가 오더라도 준비가 되어 있지 않으면 도약할 수 없다는 것입니다.

PART 2.

고객이 보는 화면과
직원이 보는 화면은 다르다

CHAPTER 01

채널단

다양한 채널들

채널이라 하면 TV, 라디오 등의 방송 채널이 떠오릅니다. 채널을 통해서 방송국에서 보내 주는 영상이나 음성을 보고 듣습니다. 프로그램 개발에서 사용하는 채널은 조금 다른 의미로 사용됩니다. 다양한 채널들이 서버와 통신을 하고 있는데요. 서버는 채널의 요청을 처리하는 프로그램을 의미합니다. 여기서 말하는 채널은 말단 프로그램이라고 이해하면 됩니다. 말단 프로그램은 네트워크를 통하여 중앙 서버와 정보를 주고받습니다. 요즘 IPTV는 리모컨을 사용하여 유료 프로그램을 결제하여 시청할 수도 있으므로 방송 채널과 프로그램 개발에서 사용하는 채널은 유사한 기능을 수행하는 면도 있다고 생각해도 되겠어요. 요컨대, 채널 프로그램을 통해서 멀리 있는 서버와 정보를 주고받는다고 이해하면 되겠습니다.

채널에는 어떤 것들이 있는지 살펴볼까요. PC 웹, 스마트폰 앱, 현금 입출금을 위해 사용하는 ATM 등과 같은 자동화기기, 회사 내에서 직원이 업무 처리를 사용하는 화면(통합단말) 등이 채널에 해당합니다. PC 웹이나 스마트폰 앱뿐만 아니라 돈을 입금하고 출금할 때 사용하는 ATM 기기도 우리가 만든 프로그램과 통신한다는 사실이 좀 신기하게 느껴지죠? 이처럼 실생활에서 사용하는 다양한 채널들이 원격에 위치하고 있는 중앙 서버와 정보를 주고받고 있습니다.

우리에게 익숙한 웹, 앱

프로젝트에 들어가서 개발하는 프로그램은 사내 직원이 사용하는 프로그램이거나, 대고객이 사용하는 프로그램입니다. 다시 말해 프로젝트를 발주한 고객사를 기준으로 했을 때, 발주사에서 근무하는 직원을 위해 만드는 프로그램이 있고, 발주사의 서비스, 제품을 사용하는 외부 고객을 위해 만드는 프로그램이 있는 것이죠. 즉, 직원이 보는 화면과 고객이 보는 화면은 다릅니다. 직원이 보는 화면을 '업무단 화면'이라고 하고, 고객이 보는 화면을 '채널단 화면'이라고 합니다. 우리가 PC 웹이나 스마트폰 앱에서 사용하는 화면은 모두 채널단 화면이며, 회사의 직원이 아니면 일반인이 그 회사의 업무단 화면을 보기는 어려울 것입니다.

예를 들어, 계좌를 개설하기 위해서 은행 지점에 방문하였을 때, 창구 앞의 직원이 사용하는 프로그램이 '업무단 프로그램'이고, 방금 은행에서 개설한 계좌를 확인하기 위해서 고객이 사용하는 인터넷뱅킹 프로그램이 '채널단 프로그램'입니다. 마찬가지로 업무단 화면을 개발하는 프로젝트가 '업무단 프로젝트'이고 채널단 화면을 개발하는 프로젝트가 '채널단 프로젝트'입니다.

채널단 프로그램은 PC 웹 프로그램 또는 스마트폰 앱 프로그램으로 개발합니다. Part 1에서 알아본 것처럼 ① 웹 프로그램을 만들기 위해서는 '화면'을 위해서 HTML5, CSS, JavaScript, jQuery, JSP를 사용하고, '서버'를 위해서 Java를 사용하며 ② 앱 프로그램을 만들기 위해서는 '화면'을 위해서 안드로이드의 경우 Java를, iOS의 경우 Objective-C, Swift를 사용하고, '서버'를 위해서 Java를 사용합니다.

업무단 프로그램은 '화면'을 위해서 C/S 프로그램, X-Internet 프로그램 등을 사용하고, '서버'를 위해서 Java, C, Pro*C를 사용합니다. HTML5가 아니라 C/S 프로그램, X-Internet 등을 사용하는 건 업무단 화면에 특화된 프로그램을 사용하여 개발하기 위한 것이라고 이해하면 되겠어요. 업무단 화면에 특화되어 있기에 디자인하기도 편하고 개발하기도 수월합니다.

간혹 웹 프로그램으로 업무단 화면을 개발하기도 하는데요. 웹이라고 하여 채널단 화면처럼 회사 외부에서 인터넷을 통하여 업무 프로그램에 접속할 수는 없고, 외부와 차단된 회사 내부 망에서만 사용할 수 있습니다. C/S, X-Internet에 대해서는 Part 5의 프로그램 설계에서 자세히 알아보겠습니다.

요즘 채널단 프로젝트는 웹보다는 앱 비중이 높은 것 같습니다. 마찬가지로 고객사에서는 웹보다는 앱에 투자를 더 많이 하고, 관심도 높습니다. 기관(회사)마다, 업무마다 다르겠지만, PC 웹에서의 업무 처리 속도보다 스마트폰 앱에서의 업무 처리 속도가 더 빠르기도 합니다.

실무에서 진행되는 앱 프로젝트는 네이티브 기술(Java, Objective-C, Swift)을 사용하는 '네이티브 앱 개발'도 하지만, 웹 기술(HTML5, CSS, JavaScript, jQuery 등)을 사용하는 '하이브리드 앱 개발'을 많이 진행하고 있습니다. 그러므로 웹 개발 공부를 기본으로 하면서, 웹 개발과 앱 개발의 교집합인 하이브리드 앱 개발 공부도 함께 하면 좋을 것 같습니다. 현장에서 웹 개발자와 하이브리드 앱 개발자 일을 함께 수행할 수 있습니다. 하이브리드 앱 개발에 대해서는 Part 3의 기술 중심 개발자에서 자세히 알아보겠습니다.

MCI(채널 통합)

프로젝트에 들어가면 MCI라는 말을 많이 듣게 됩니다. 특히, 웹/앱 개발자로 일을 하면 MCI를 통해야지만 중앙 서버(업무단 프로그램)와 통신할 수 있습니다. 그림 2-1을 보면 MCI가 중계 역할을 하고 있음을 알 수 있습니다. MCI(Multi Channel Integration)는 채널 통합을 뜻하며, 실무에서는 MCI 대신에 MCA(Multi Channel Architecture)라고 부르기도 합니다. MCI라는 용어가 낯설게 느껴지지만 프로젝트를 몇 번 수행하면 MCI를 포함하여 여러 용어에 익숙해지므로 걱정 안 해도 됩니다.

채널단 프로그램(웹, 앱)이 업무단 프로그램과 통신하는 이유는 무엇

그림 2-1. MCI 연계

일까요? 업무단에 위치해 있는 DB에 고객 정보, 계좌 정보, 이체 정보, 상품 정보 등 업무에서 사용하는 데이터가 들어 있으며, 업무단 프로그램이 이러한 데이터를 사용하여 기업의 고유 업무를 처리하기 때문입니다. 고객이 인터넷 뱅킹 앱 프로그램을 사용하여 계좌 정보를 확인하려고 할 때, 앱 프로그램은 MCI를 통해서 업무단 프로그램에 계좌 정보를 요청하고 원하는 정보를 응답받게 되는 것이죠.

실무에서는 요청/응답, 송신/수신이라는 단어를 많이 쓰게 됩니다. '타 프로그램 또는 타 시스템에 정보를 요청하다/송신하다' 그리고 '타 프로그램 또는 타 시스템으로부터 정보를 응답받다/수신하다'라는 말로 사용합니다.

여러분 중에 '채널단에도 업무단에 존재하는 DB 정보를 복제해서 두면 서로 번거롭게 통신을 안 해도 되지 않을까'라고 생각하는 사람이 있을 수도 있습니다. 그렇게 하지 않는 이유는 이렇습니다. 정보 관점에서 보면 데이터를 여러 시스템에 중복해서 관리하게 되면, 두 데이터가 동기화되지 않는 문제가 발생할 수 있습니다. 동기화되지 않는다는 것은 데이터가 서로 일치하지 않는다는 것입니다. 서로 일치하지 않는 데이터가 여러 곳에 위치하는 것은 잘못된 정보가 업무 처리에 사용될 수 있으므로 위험한 일입니다. 그러므로 중요 데이터는 안전한 시스템 한곳에 관리하고 MCI를 통해서 데이터를 요청하고 응답받는 것이 안전하고 효과적이라고 할 수 있습니다.

MCI는 채널단과 업무단을 중계해 주는 역할 외에 인터페이스(Interface)라는 또 다른 주요한 기능을 수행합니다. 인터넷 뱅킹을 사용하여 돈을 이체하는 경우를 생각해 봅시다. 사용자는 PC 웹의 이체 화면 또는 스마트폰 앱의 이체 화면을 사용하여 이체할 수 있습니다. 웹과 앱의 이체 화면은 서로 다르게 생겼지만, 내부적으로 이체라는 동일한 기능을 수행합니다. 웹과 앱의 이체 화면에서 실행한 이체 요청은 MCI를 통해서 업무단으로 들어갑니다.

앞에서 웹, 앱을 채널이라고 하였습니다. 채널단과 업무단은 MCI 인터페이스 프로그램을 통해서 서로 데이터를 주고받습니다. 인터페이스에는 MCI 인터페이스, 대내 인터페이스, 대외 인터페이스가 있습니다. 대내 인터페이스, 대외 인터페이스에 대해서는 Part 2의 '인터페이스'에서 자세히 알아보겠습니다. 하나의 시스템 내에 존재하는 여러 프로그램들이 서로 데이터를 주고받는 것처럼, A 시스템의 프로그램과 B 시스템의 프로그램도 인터페이스를 사용하여 서로 데이터를 주고받을 수 있는 것이죠. 채널단과 업무단을 각각 하나의 시스템이라고 보면 됩니다.

동일한 시스템 내의 프로그램들은 파라미터를 사용하여 데이터를 보내고, 리턴 값을 사용하여 데이터를 받습니다. 파라미터는 상대방에게 정보를 제공하는 방식 중 하나이며, 입력 값이라고 보면 됩니다. 파라미터와 리턴 값에 대해서는 Part 5의 'CHAPTER 03. 프로그램 개발' 부분에서 자세히 알아보겠습니다. 서로 다른 시스템 내의 프로그램들은 파라미터 방식이 아닌 인터페이스 방식을 사용하여 데이터를 주고받습니다.

이체 기능을 처리하기 위해서 웹 채널이 사용하는 인터페이스와 앱 채널이 사용하는 인터페이스가 서로 다르다면, 채널이 늘어날 때마다 매번 신규 인터페이스를 개발해야 되는 번거로움이 생깁니다. 또한 이체 기능을 보완해야할 경우, 여러 인터페이스를 모두 수정해야 하므로 유지·보수하기도 어려워지죠. 이러한 문제를 해결하기 위하여 채널 통합이라는 MCI의 기능이 필요합니다. 그림 2-2와 같이 여러 채널들이 사용하는 인터페이스는 MCI에 의해서 통합됩니다. 즉, 이체 기능의 인터페이스 하나만 만들면 웹이든 앱이든 여러 채널에서 함께 사용할 수 있습니다. 유지·보수가 쉬워지므로 당연히 반복적인 업무량은 줄어듭니다.

그림 2-1과 그림 2-2는 동일한 구조이며, 그림 2-1에는 인터페이스 그림을 생략했다고 보면 되겠습니다. 인터페이스 프로그램은 업무단 영역에 속합니다.

그림 2-2. MCI 채널 통합

채널단 개발자는 업무단과 통신하는 프로그램을 개발할 때 MCI만 바라보면 됩니다. 바라본다는 의미는 MCI만 신경 쓰면 된다는 뜻인데요. MCI 이후의 업무단에 어떤 프로그램이 존재하는지, 그 프로그램이 어떤 로직을 처리하고 다른 어떤 프로그램과 연동하는지 등을 전혀 신경 쓸 필요가 없습니다. 물론 MCI가 두 시스템 간의 연동을 처리해 주므로 웹/앱 프로그램이 업무단 내에 존재하는 프로그램과 직접 통신하도록 개발자가 애쓸 필요도 없는 것이죠.

단지 MCI 인터페이스에 어떤 데이터(요청 전문)를 송신하면, 어떤 데이터(응답 전문)를 수신하는지를 나타내는 명세서가 있는데, 그 명세서에 맞게끔 개발하면 됩니다. 서로 다른 시스템 간에는 전문 통신을 합니다. 전문이란 숫자, 영문, 한글, 기호 등 '문자열'로만 이루어진 일련의 데이터를 말합니다. 전문은 문자, 숫자가 한 줄로 쭉 이어져 있습니다. 전문에 대해서는 마찬가지로 Part 2의 인터페이스에서 자세히 알아보겠습니다.

프로젝트에는 웹/앱 개발자가 접속할 수 있는 MCI 인터페이스 정보를 관리하는 시스템이 있으며, 해당 시스템은 MCI 인터페이스명, 담당자, 송신 시스템, 수신 시스템, 요청 전문, 응답 전문 등의 정보를 관리합니다.

CHAPTER 02

업무단

계정계, 기간계, 처리계

외부 고객이 사용하는 화면을 채널단 화면, 회사 내에서 직원이 업무 처리를 위해서 사용하는 화면을 업무단 화면이라고 하였습니다. 금융권을 비롯하여 중견 기업 이상의 규모를 갖춘 회사는 채널단 시스템과 업무단 시스템을 분리하여 관리합니다. 서로 다른 시스템은 인터페이스를 사용하여 상호 통신을 하는데, 채널단과 업무단은 MCI 인터페이스를 사용하여 서로 정보를 주고받습니다.

채널단 개발 프로젝트가 기술이 중심이 된다면, 업무단 개발 프로젝트는 업무가 중심이 되기에 개발자의 업무에 대한 지식과 경험을 높이 평가합니다. 기업에서 수행하는 고유 업무는 인문학, 사회과학과 밀접하므로 업무단 개발 프로젝트는 인문학생, 사회과학생에게 더 유리한 분야라고 할 수 있습니다. 전문 분야에 대해서는 Part 3에서 자세히 알아보겠습니다.

일반적으로 금융권 중 은행, 증권에서는 업무단 시스템을 '계정계'라고 부르고, 카드, 보험에서는 업무단 시스템을 '기간계'라고 부릅니다. 그 외에는 처리계, 코어 등으로 부릅니다. 비금융권에서도 업무단 시스템을 기반이 되고 중심이 된다는 의미에서 '기간계'라고 칭합니다. 용어가 고정된 것이 아니고, 기관마다 차이가 있을 수 있으므로 실무에서는 '채널단과 대응되는 업무단을 계정계, 기간계, 처리계 등으로 부른다' 정도로만 알면 됩니다.

업무단 프로그램은 '화면' 프로그램 개발을 위해서 C/S 프로그램, X-Internet 프로그램 등을 사용하고, '서버' 프로그램 개발을 위해서 Java, C, Pro*C를 사용한다고 했습니다. 업무단에서는 서버 프로그램을 서비스 프로그램이라고 더 많이 부릅니다.

채널단(웹/앱) 개발 프로젝트 경우, 화면 개발자와 서버 개발자가 분리될 수도 있고, 개발자 혼자서 화면 개발과 서버 개발을 함께 할 수도 있습니다. 업무단 개발 프로젝트의 경우, 업무 개발자가 화면 개발과 서비스 개발을 함께 합니다.

C/S 프로그램(화면 개발도구), X-Internet 프로그램(화면 개발도구)은 프로젝트에 들어가서 교육을 받으면서 습득하면 되므로 부담 갖지 않아도 됩니다. 개발도구라고 표현한 이유는 해당 프로그램을 사용하여 규칙에 맞게 코딩을 하면 업무화면을 생성해 주는 개발 환경을 자체적으로 갖추고 있기 때문입니다. 개발도구와 관련해서는 Part 5의 'CHAPTER 03. 프로그램 개발'에서 자세히 알아보겠습니다.

은행, 증권에서는 C, Pro*C를 주로 사용하며 카드, 보험에서는 Java를 주로 사용합니다. 그러므로 업무단 개발자로 일하기 위해서는 기술적으로 Java, C에 대해서 기본적으로 잘 알고 있어야 합니다. Pro*C의 문법은 많지 않고, Pro*C 내에서 C의 모든 문법을 사용할 수 있습니다. 그러므로 C에 대한 체계적인 지식을 가지고 있으면, 실무에서 Pro*C를 능숙하게 사용할 수 있습니다.

금융 프로젝트와 금융 시스템의 특징에 대해서 좀 더 알아보겠습니다.

금융 프로젝트는 정보 보안에 신경을 많이 씁니다. 과거 타 기관에서 여러 번 발생했던 금융 보안 사고가 경각심을 주었을 것입니다. 개발자 PC에는 다양한 보안 프로그램이 설치되고, 주민번호 등과 같은 개인 정보가 파일에 기록되어 있다면 보안 프로그램이 검사하여 경고합니다. 해당 파일을 바로 조치하지 않을 경우, 고객사 정보보안 담당자로부터 빨리 조치하라는 안내 메일 또는 유선 연락을 받기도 합니다.

필자도 프로젝트에서 자주 느끼지만, PC에 설치된 보안 프로그램이 PC 성능에 영향을 많이 줍니다. 보안 프로그램을 설치하기 전에는 PC 속도가 양호하고 개발하는 데 불편함도 별로 없지만, 보안 프로그램이 설치되고 나면 개발을 진행하는 데 많은 어려움이 따릅니다. 개발에 사용하는 프로그램 실행 속도가 현저하게 느려져서, 프로그램 하나를 개발하고 테스트하는 데 더 많은 시간이 들어갑니다.

개발자들이 더 답답하게 느끼는 것은 개발자 PC에서 인터넷 사용이 안 된다는 것인데요. 인터넷으로 사적인 용무를 보지 않더라도, 업무와 개발에 관련해서 필요한 내용조차도 검색할 수 없기에 많이 불편합니다. 하지만 금융 프로젝트를 여러 번 수행하게 되면 나름 적응하게 되고, 고객사에 따라 스마트폰으로 인터넷을 사용하는 것은 허용하는 경우도 있으므로, 답답한 마음은 많이 줄어듭니다.

정보 보안과 관련해서 권한 관리에도 철저합니다. 개발자는 사번을 발급받아야 하고, 고객사 네트워크에 접속하거나, 개발에 필요한 데이터베이스 또는 시스템에 접속하려면 반드시 권한 신청을 해야 하며,

그 후 승인을 얻어야지만 사용할 수 있습니다. 승인을 해 주는 작업을 사람이 하기에, 승인이 나기까지 보름 이상 기다려야 할 수도 있습니다. 개발자는 하는 일 없이 마냥 기다리는 시간이 아깝게 느껴질 수 있습니다만, 스트레스 받지 않으며 요령 있고 유익하게 보내는 노력도 필요하다고 생각합니다.

금융 시스템은 금전을 다루기에 안정성을 중요시하므로, 최신 기술보다는 여러 기관에서 적용하여 실무적으로 검증된 기술을 선호합니다. 금융 서비스는 장애가 발생하였을 때 특히나 사회적으로 영향이 크므로 24시간 365일 중단 없이 가동되어야 합니다.

요즘 프로젝트는 오픈 소스를 활용하여 개발을 진행하는데요. 오픈 소스는 여러 사람들이 자유롭게 사용할 수 있도록 소스 코드를 공개한 프로그램을 말합니다. Part 5의 'CHAPTER 03. 프로그램 개발'에서 자세히 알아보겠습니다. 금융 프로젝트에서도 오픈 소스를 사용하지만, 해당 프로그램이 시스템 전반에 영향을 주는 중요한 위치에 있을 경우, 업체로부터 기술 지원을 받기 위해 오픈 소스를 제품화한 상용 프로그램을 구매하여 사용합니다.

또한 안정성이 중시되기에 프로그램 개발 이후, 테스트도 정밀하게 하고, 테스트 기간도 상대적으로 긴 편입니다. 통합 테스트 막바지에는 하루에도 몇 번씩, 당일 테스트를 통해 나온 결함을 개발자가 수정하였는지 체크하곤 하는데, 개발자 입장에서는 곤혹스럽기도 해요. 통합 테스트에 대해서는 Part 5의 'CHAPTER 04. 프로그램 테스트'에서 자세히 알아보겠습니다.

금융 시스템은 대외 기관 간 시스템 연계를 많이 합니다. 금융 기관은 업무를 처리하기 위해서 금융결제원, 한국거래소, 한국예탁결제원, 타 금융기관, 신용평가기관 등 여러 대외 기관과 시스템 연계를 합니다. 타행으로 이체하기 위하여 금융결제원, 타 금융 기관과 연계를 하고, 고객의 신용 등급을 확인하기 위하여 신용평가기관과 연계를 하며, 주식의 매도, 매수 처리를 위해 한국거래소, 한국예탁결제원과 연계를 합니다.

대외 기관과의 연계 작업은 '대외 인터페이스' 프로그램을 통해서 처리하는데요. 인터페이스에 대해서는 뒤에서 자세히 알아보겠습니다.

금융 프로젝트는 기술보다는 업무를 중시합니다. 업무에 대해서 많이 알고, 경험과 조예가 깊은 개발자가 좋은 대우를 받아요. 금융 기관에는 은행, 증권사, 카드사, 보험사가 있으며, 이 중 은행 업무에는 수신 업무, 여신 업무, 외환 업무 등이 있는데 간략하게 살펴보면 다음과 같습니다.

수신 업무는 고객으로부터 자금을 받아서 관리, 운용하는 것을 말합니다. 쉽게 말해서 예금 관련 일을 하는 것이죠. 예금은 수시로 입금하고 출금할 수 있는 '요구불예금'이 있고, 적금처럼 돈을 맡기면 6개월이든 1년이든 기다려야 하는 '저축성예금'이 있습니다.

여신 업무에는 대출, 지급 보증 등이 있는데, 고객에게 자금을 빌려주는 대출 업무가 중심이 됩니다. 여신은 개인 여신, 기업 여신으로 구분됩니다. 개인 여신에는 주택 담보 대출 등이 있고, 기업 여신에는 사업성 자금 대출 등이 있습니다.

외환 업무는 개인 고객 대상의 환전 업무, 기업 고객 대상의 수출입 업무로 분리됩니다. 우리는 해외여행을 가기 위해 환전을 하거나, 외화를 예금하기도 합니다. 기업은 상품을 수출하고 대금을 받거나, 상품을 수입하고 대금을 지급합니다. 이처럼 외화가 개입되어 처리되는 업무를 외환 업무라고 합니다.

개발자는 금융, 통신, 유통 등 여러 분야의 프로젝트를 수행할 수 있는데, 경력 관리 차원에서 금융 중심으로 프로젝트 경험을 쌓으면 유리할 수 있습니다. 금융 프로젝트는 나름 진입 장벽이 있고, 금융 업무를 잘 알면 전문성을 인정받아, 고객사에서 장기간 개발 프로젝트를 진행하거나 운영 업무를 담당할 수 있습니다. 소위 개발자로서 장수할 수도 있어요. 관련 내용은 Part 3의 'CHAPTER 01. 업무 중심 개발자(업무단 개발자)'에서 자세히 알아보겠습니다.

정보계

정보계도 업무단에 속하지만, 중심 업무에 대해서 '거래'를 통하여 데이터를 신규로 만들어 내지는 않습니다. 물론 리스크 관리, 고객관리(CRM), 영업 지원 등의 영역은 자체 업무를 수행하기 위하여 데이터를 생성하고 관리하므로 정보계라고 데이터 생성이 전혀 없는 것은 아닙니다.

계정계, 기간계에서는 1초에도 수많은 거래가 발생합니다. 하나의 '거래'가 발생하면 데이터베이스의 여러 테이블에 데이터가 쌓이고, 기존 데이터가 변경됩니다. 예를 들어, 이체 거래를 생각해 볼까요. A가 B에게 1,000원을 이체하면, 다음과 같은 데이터베이스 처리가 순차적으로 이루어집니다.

① 계좌원장 테이블에서 A의 계좌 잔고가 1,000원 줄어듭니다.
② 이체 내역 테이블에서 A의 이체 내역(B에게 1,000원 이체함)이 추가 됩니다.
③ 계좌원장 테이블에서 B의 계좌 잔고가 1,000원 늘어납니다.

'거래(Transaction)'란 업무나 서비스를 처리할 때 발생하는 작업을 말합니다. 직원이 업무단 화면에서 업무를 처리하거나, 고객이 채널단 화면에서 서비스를 사용하면, 거래가 발생하는 것이죠. 실무에서는 '거래 시 장애가 발생합니다', '로그를 보면서 정상인지, 에러인지 확인하겠으니 거래를 다시 날려보세요'처럼 사용합니다.

정보계는 계정계, 기간계가 생성한 대량의 데이터를 넘겨받아서 분석하고, 통계 처리합니다. 대용량의 데이터 그 자체만으로는 의미가 없으므로 추출, 변환, 분석하고, 의미 있는 패턴을 파악해야 하는 것이죠. 이러한 과정을 통해 정보계는 기업이 성공적으로 의사 결정을 할 수 있도록 지원하고, 효과적인 고객 마케팅, 서비스 개선 등에 기여하는 역할을 담당합니다.

대량의 거래 데이터를 분석하면 어떤 거래 패턴들이 사기 거래 또는 의심스러운 거래와 연관성이 있는지 파악할 수도 있습니다. 여러 '이상 징후 패턴'들을 관리하면, 수상한 거래가 발생할 경우 사전에 경고하고 차단할 수 있어 피해를 사전에 예방할 수 있습니다.

이상 거래에 대한 예를 들어 볼까요. 금융 거래가 두 지역에서 1시간

간격으로 발생하였습니다. 그런데 두 지역이 물리적으로 1시간 내에 도달할 수 없는 거리에 위치해 있다면, 해당 거래는 이상 거래라고 판단할 수 있습니다.

이와 같이 정보계는 대량의 데이터를 다루므로 SQL이 길고 복잡합니다. 그러다 보니 정보계 프로젝트에 투입된 개발자가 SQL을 분석하면서 개발하기가 쉽지 않을 수 있습니다. SQL이란 데이터베이스의 데이터를 다루기 위해서 사용하는 언어입니다. 여담이지만 필자는 분석하기 난해하고, 수많은 코드로 이루어진 SQL을 개인적으로 좋아하지 않아서, 정보계의 데이터성 업무를 다루는 프로젝트는 선호하지 않습니다.

개발자마다 프로그래밍에 능한 사람이 있고, SQL에 능한 사람이 있는 것 같습니다. 자신은 SQL에 자신이 있고, DB 성능을 위해서 SQL 튜닝 하는 것이 재미있다고 느껴진다면 DBA(Database Administrator)를 목표로 해서 공부해도 좋습니다. DBA는 데이터베이스를 전문적으로 다루는 사람입니다. 프로젝트에서 DBA의 역할은 DB를 구성하고 관리하며 개발자들이 만든 SQL의 성능을 높이기 위한 튜닝을 담당하는 것입니다. 튜닝(Tuning)이란 DB에서 데이터를 조회하거나 수정하는 데 시간이 오래 소요될 경우, SQL을 최적화하여 DB 성능을 높이는 작업을 말합니다. 프로젝트에서 DBA보다 개발자 수요가 더 많지만, DBA도 나이 들어서 오랫동안 일할 수 있으며 급여 수준도 좋은 편입니다.

CHAPTER 03

인터페이스

대내 인터페이스

기업 내에는 여러 시스템이 존재합니다. 앞에서 알아보았듯이 채널계 시스템, 계정계 시스템, 정보계 시스템 그리고 레거시 시스템 등이 있습니다. 앞에서 설명하지 않은 레거시(Legacy) 시스템은 과거부터 있어 왔던 다양한 잔존 시스템이라고 보면 됩니다. 시스템이 사용하는 프로그래밍 언어는 서로 다를 수 있습니다. 어떤 시스템은 Java 언어를 사용할 수 있고, 다른 시스템은 C 언어를 사용할 수 있습니다. 또한 Windows, Unix, Linux 등 시스템이 사용하는 OS가 서로 다를 수도 있습니다. OS(Operating System)란 컴퓨터의 운영체제를 말하며, 프로그램이 돌아가기 위해서는 컴퓨터에 기본적으로 OS가 설치되어 있어야 합니다.

이렇게 서로 다른 특징을 가지고 있는 시스템은 서로 독립적으로 존재하므로 서로 데이터를 주고받으면서 통신하기 위해서 인터페이스 프로그램을 사용해야 합니다. 하나의 기업 내부에 존재하는 시스템들 간의 통신 처리를 위해서는 '대내 인터페이스'를 사용하고, 기업과 기업 간 통신 처리를 위해서는 '대외 인터페이스'를 사용합니다. 기업은 업무 처리를 위해서 타 회사 시스템과의 대외 연계 작업을 빈번히 합니다.

대내 인터페이스를 처리하기 위해서는 EAI(Enterprise Application Integration) 솔루션을 사용합니다. 솔루션이란 제품화되어 판매되는 상용 프로그램을 말합니다. EAI는 대내 시스템을 연계하여 데이터 통신을 할 수 있도록 표준적인 방법을 제공합니다. EAI에서 제공하는 기능을 사용하면 편리하게 대내 인터페이스 프로그램을 만들 수 있습니다. 솔루션을 사용하지 않고 직접 개발해야 한다면, 개발자가 솔루션이 제공하는 기능을 모두 구현해야 하므로 시간이 많이 소요되고 시행착오도 많이 겪을 것입니다.

아래 그림 2-3과 같이 두 시스템은 EAI을 통하여 서로 통신을 합니다. 각 시스템은 EAI에서 제공하는 기능을 사용하여 인터페이스 프로그램을 만듭니다. 인터페이스 프로그램이 EAI에 연계 요청하면, EAI는 상대방 시스템의 인터페이스 프로그램에게 요청을 전달합니다. 요청을 받은 인터페이스 프로그램이 EAI에게 응답을 보내면, EAI는 상대방 시스템의 인터페이스 프로그램에게 응답을 전달합니다. 이러한 과정을 거쳐 서로 통신이 이루어집니다.

EAI가 중간에서 중계 역할을 하므로, 개발자는 인터페이스 프로그램을 만들어 EAI만 바라보고 요청하고 응답을 받으면 되고, EAI 이후

그림 2-3. EAI 대내 시스템 연계

로 진행되는 프로세스에 대해서는 신경 쓰지 않아도 되므로 편리합니다.

중계 역할을 하는 EAI는 인터페이스 프로그램과 데이터를 주고받을 때, 전문 통신을 합니다. 전문이란 숫자, 영문, 한글, 기호, 공백 등 '문자열'로만 이루어진 일련의 데이터를 말하고, 해당 문자열은 고정길이로 구분되어 있습니다. 긴 문자열은 여러 값들이 연속으로 표시되는데, 특정 값의 시작과 끝을 알기 위해서 고정길이로 구분하는 것입니다. 쉽게 말해서 전문은 한 줄로 된 아주 긴 문자열이에요. 전문만 눈으로 봐서는 무슨 내용인지 바로 파악하기 어렵고, 암호문처럼 보이기도 해요. 전문은 송신(요청) 전문, 수신(응답) 전문으로 구분되는데요. 송신 전문은 상대방 시스템으로 보내는 전문이고, 수신 전문은 상대방 시스템으로부터 받는 전문입니다. 위에서 설명하였듯이 EAI가 중계역할을 하므로 개발자가 만드는 인터페이스 프로그램은 EAI로 송신 전문을 보내고, EAI로부터 수신 전문을 받으면 됩니다.

예를 들어 보겠습니다. 성명, 전화번호를 송신(요청)하면, 보냈던 성명, 전화번호를 수신(응답)받는다고 가정합니다. 인터페이스 프로그램이 EAI로 성명, 전화번호 정보를 전송하고자 한다면, 먼저 성명은 30byte, 전화번호는 12byte로 고정길이를 정합니다. 고정길이를 정하는 이유는 무한정 데이터를 보내고 받을 수 없기 때문입니다. 고정길이를 얼마로 잡을 것인지는 프로젝트에 따라, 업무에 따라 달라집니다. 바이트(byte)는 데이터 크기를 나타내는 단위입니다.

전문이 가지고 있는 항목들을 '전문 레이아웃(Layout)'이라고 부릅니다. 예로 든 전문의 레이아웃은 표 2-1과 같이 성명, 전화번호 두 개의 항목이 들어 있습니다. 데이터 타입이라는 속성이 추가로 보이는데요.
용도가 무엇인지 알아보겠습니다.

항목명	데이터 타입	고정길이
성명	문자	30
전화번호	문자	12

표 2-1. 전문 레이아웃

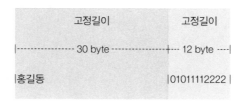

그림 2-4. 전문 통신 (1)

　인터페이스 프로그램에서 성명 항목에 '홍길동', 전화번호 항목에
'01011112222'이라는 데이터를 전송하면 그림 2-4와 같이 문자열로 길
게 이어져서 전달됩니다. 중계하는 EAI를 거쳐, 문자열 데이터를 받은
상대편 인터페이스 프로그램은 성명으로 들어온 값이 무엇인지, 전화
번호로 들어온 값이 무엇인지 어떻게 알 수 있을까요? 그렇죠. 고정길
이를 사용합니다. 성명으로 들어온 값이 무엇인지 알기 위해서 문자열
을 1byte부터 30byte까지 자르고, 전화번호로 들어온 값을 알기 위해
서 문자열을 31~42byte까지 자릅니다. 문자열을 고정 길이로 자른 결
과 성명 항목에는 '홍길동' 값이 들어왔고, 전화번호 항목에는
'01011112222' 값이 들어왔음을 알 수 있는 것이죠. 전문을 고정길이

로 자르는 것을 파싱(Parsing)한다고 표현합니다.

전문 통신을 하면 송신측과 수신측의 거래 내역 정보를 확인할 수 있는 '로그 화면'이 프로젝트에서 제공됩니다. 로그(Log) 화면이란 인터페이스 거래를 실행했을 때 주고받는 정보를 표시해 주는 화면을 말합니다. 로그 화면을 보면 표 2-2와 같이 송신한 값과 수신한 값을 확인할 수 있습니다.

항목명	데이터 타입	고정길이	값
성명	문자	30	홍길동
전화번호	문자	12	01011112222

표 2-2. 로그 화면

바이트를 계산할 때 영문, 숫자, 기호, 공백은 1byte, 한글은 2byte로 산정합니다. 문자를 인식하는 시스템에 따라 한글을 3byte로 정하는 경우도 있습니다. 여기서 의문점이 하나 들 수 있습니다. 위에서 성명을 30byte, 전화번호를 12byte로 정했지만 실제 입력되는 값은 30byte, 12byte보다 부족한데 어떻게 처리되는 것인지 궁금할 것입니다. 그에 대한 대답은 부족한 byte만큼 공백이나 0으로 채웁니다. 값이 '문자형'일 경우 오른쪽에 공백으로 채우고, 값이 '숫자형'일 경우 왼쪽에 0으로 채웁니다. 한글을 2byte로 계산한다면 성명으로 입력한 '홍길동'은 6byte이므로 뒤에 22byte만큼 공백이 붙게 되고, 입력한 전화번호는 11byte이므로 뒤에 1byte만큼 공백이 붙게 됩니다.

문자형인지 숫자형인지에 따라 오른쪽, 왼쪽으로 달라지는 이유는 정렬과 관련이 있습니다. 문자는 좌측 정렬하기에 오른쪽에 공백을 채우고, 숫자는 우측 정렬하기에 왼쪽에 0을 채우는 것입니다. 참고로 그림 2-5와 같이 마이크로소프트 엑셀 프로그램을 실행하여 문자와 숫자를 입력하면 어떻게 정렬되는지 확인할 수 있습니다.

	A	B	C	D
1				
2		홍길동	1	
3		HongGilDong	12	
4		user@aabbcc.com	123	
5		010-1111-2222	1234	
6		111111-2222222	12345	
7		ID_001	123456	
8		password12345	1234567	
9		서울시 영등포구	12345678	
10				

그림 2-5. 엑셀 화면

여기서 '전화번호는 숫자인데 왜 0이 아니라 공백으로 채웠을까?'라고 또 궁금한 생각이 들 거예요. 먼저 데이터 타입(DataType)에 대해서 알고 있어야 합니다. 데이터 타입이란 전문으로 보내는 데이터(값)의 형태가 '문자형'인지 '숫자형'인지 나타내는 것입니다. 일반적으로 전화번호는 숫자로 되어 있지만 데이터 타입을 문자형으로 지정합니다. 그래서 0 대신에 공백으로 채운 것이죠. 참고로 금액이나 개수 등은 데이터 타입을 숫자형으로 지정하고 0으로 채우게 됩니다.

예를 들어, 상품명 항목은 30byte, 금액 항목은 12byte로 고정길이를 정하고 상품명 항목에 '마우스', 금액 항목에 '10000'이라는 데이터를 전송하면 그림 2-6과 같이 문자열로 전달됩니다.

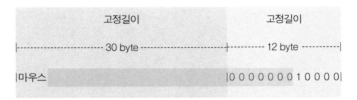

그림 2-6. 전문 통신 (2)

위에서 전문 예제로 두 개의 항목만 사용하였지만, 실무에서는 전문에 적게는 10여 개, 많게는 200여 개의 항목이 들어 있습니다. 어떤 전문이 어떤 항목을 가지고 있는지 효과적으로 파악하기 위하여 시스템으로 관리합니다. 보통 '인터페이스 관리' 시스템이라고 합니다. 시스템에서 전문을 검색하면 전문 레이아웃에 10여 개에서 200여 개의 항목이 들어 있는 것을 볼 수 있습니다.

대외 인터페이스

대내 인터페이스가 EAI 솔루션을 사용하였다면, 대외 인터페이스를 처리하기 위해서는 FEP(Front End Processor) 솔루션을 사용합니다. FEP를 대외계라고도 합니다. EAI와 마찬가지로, FEP도 대외 시스템을 연계하여 데이터 통신을 할 수 있도록 표준적인 방법을 제공합니다.

FEP에서 제공하는 기능을 사용하면 편리하게 대외 인터페이스 프로그램을 만들 수 있습니다.

다음 그림 2-7과 같이 FEP도 EAI와 대동소이한 방식으로 대외 시스템과 통신을 합니다. 인터페이스 프로그램이 FEP(A)에 대외 연계 요청을 하면, FEP(A)는 상대방 시스템의 FEP(B)에게 요청을 전송합니다. FEP는 하나의 시스템의 맨 앞단에 위치해 있기에 대외기관에게 요청을 보내거나, 대외기관으로부터 요청을 받게 되는 것이죠. 요청을 받은 상대방 FEP(B)는 인터페이스 프로그램에게 요청을 전달합니다. 요청을 받은 인터페이스 프로그램이 FEP(B)에게 응답을 보내면, FEP(B)는 상대방 FEP(A)에게 응답을 전송합니다. 응답을 받은 상대방 FEP(A)는 인터페이스 프로그램에게 응답을 전달합니다.

FEP가 기관과 기관 사이에서 중계 역할을 하므로, EAI 때와 마찬가지로 개발자는 인터페이스 프로그램을 만들어 FEP만 바라보고 요청하고, 응답을 받으면 됩니다. FEP도 EAI와 동일하게 전문 통신을 합니다.

그림 2-7. FEP 대외 시스템 연계

일반적으로 대내 시스템 연계 개발보다는 대외 시스템 연계 개발이 시간이 더 많이 소요됩니다. 상대방 시스템의 개발이 늦어질 수도 있고, 테스트를 했는데 오류가 발생할 경우 FEP의 환경이 서로 다르므로 문제 원인을 찾고 해결하는 데 시간이 많이 걸릴 수 있기 때문입니다.

이처럼 기업은 업무를 처리하기 위해서 타 기관과 연계하여 데이터를 주고받아 처리하기도 합니다. 특히 금융 시스템은 대외 기관 간 시스템 연계를 많이 합니다. 이체 처리를 위해 금융결제원, 금융기관과 연계를 하고, 고객의 신용 조회, 실명 인증을 위하여 신용평가기관과 연계를 합니다. 금융 상품 정보를 위해 은행연합회와 연계하거나, 주식 관련 업무를 위해 한국거래소, 한국예탁결제원과 연계를 합니다. 금융 업무는 기관 단독으로 수행되기보다는 대외 기관과 연동하여 처리되는 경우가 많기에, 당사 프로그램에는 문제가 없더라도 타 기관에서 문제가 발생하면, 그 영향을 받아 당사 프로그램에서 장애가 발생하기도 합니다.

대내 시스템 연계 과정에서 또는 대외 시스템 연계 과정에서 에러가 발생하였을 경우, 에러 원인을 빠르게 찾는 방법을 간략하게 정리해 보겠습니다. 부담 없이 읽어 보면 되겠습니다.

1) 상대방 시스템으로부터 응답을 받았는지 확인합니다

인터페이스는 요청 전문을 보내면, 응답 전문을 받습니다. 그런데 요청을 보냈는데도, 상대방 시스템이 응답을 보내지 않는다면 에러가 발생합니다.

EAI, FEP는 응답을 받기까지 대기 시간을 가지고 있습니다. 만약 대기 시간을 30초로 설정하였고 30초 동안 응답을 받지 못했다면, 타임아웃(Timeout) 에러가 발생합니다. 타임아웃은 정해진 시간이 도래하면 발생하는 이벤트(사건)라고 생각하면 됩니다.

2) 상대방 시스템으로부터 응답을 받았는데 오류가 발생하는 경우, 응답 코드
를 확인합니다

응답 전문에는 응답 코드 항목이 있는데, 보통 4자리의 숫자로 되어
있으며 '내부적으로 처리하던 중 어떤 오류가 있었는지' 알려 줍니다.
사전에 응답 코드와 응답 코드에 대한 설명이 들어 있는 문서(전문설계
서)를 상대방 기관으로부터 받습니다.

3) 요청 전문의 레이아웃과 응답전문의 레이아웃에 값이 제대로 입력되었는지
확인합니다

전문의 레이아웃은 여러 개의 항목으로 구성되어 있는데, 항목에 값
이 누락되어 있는지, 입력된 값이 올바른지, 입력된 값이 고정길이를
초과하는지 등을 확인합니다.

PART 3.

업무 중심 개발자로
나아가야 한다

CHAPTER 01

업무 중심 개발자(업무단 개발자)

인문·사회과학생에게 더 유리한 분야

업무 중심 개발이란 기술보다는 업무에 대한 지식과 경험을 중요시하는 프로젝트에서 개발하는 것을 말합니다. 업무에 대해서 많이 알고, 경험과 조예가 깊은 개발자가 좋은 평가를 받습니다. Part 2에서 알아보았던 업무단 프로젝트가 업무 중심 개발에 해당합니다.

기업에서 수행하는 기획, 영업, 재무, 회계, 인사, 홍보 등의 업무는 공학보다는 인문학, 사회과학과 밀접합니다. 인문학, 사회과학에 대한 지식과 사고력을 가지고 있으면, 프로젝트에서 프로그램으로 구현해야 할 고객의 업무를 분석하고 설계하는 데 유리합니다. 고객의 업무가 인문학, 사회과학에 근거를 두고 있기 때문입니다.

앞에서도 알아보았듯이 업무에 대한 분석, 설계가 미흡하면 개발 단계에서 프로그램을 많이 수정하거나, 다시 개발해야 하는 경우가 생길 수 있습니다. 분석, 설계의 완성도가 높을수록 개발 생산성이 높아지고, 프로그램의 실행 성능이 좋아집니다.

벤처 회사, 선 마이크로시스템즈를 거쳐 SK C&C에 근무하는 소프트웨어 아키텍트 김훈섭은 다음과 같이 말합니다.

"소프트웨어 개발자로서 '직관력, 상상력, 통찰력' 또한 필요하다고 생각해요. 방금 제가 얘기한 것은 공학적인 것보다 인문학적인 측면이 강하죠? 저는 소프트웨어는 인문학의 응용에 가깝다고 생각해요. 소프트웨어 개발은 인문학 베이스의 응용이에요. 밑바닥에는 논리적인 사고나 수학에서 얘기하는 추론이 필요로 하지만 이런 것이 사실 본질을 꿰뚫어 볼 수 있는 통찰력이나 직관력이라고 생각해요. 이런 능력이 없으면 후천적으로 이러한 능력을 기르기가 굉장히 어려워요. 인문학적인 자질이 뛰어난 사람이 소프트웨어 개발을 잘 할 것이라고 생각해요."**4)**

  업무를 잘 알고 있어야 분석, 설계를 잘 할 수 있는데, 프로젝트에서 1, 2년 정도 업무를 경험했다고 해서 업무를 잘 안다고 할 수는 없습니다. 실무에서 하나의 업무를 적어도 5년 이상 해야 어느 정도 전문성을 인정받습니다.

  예를 들어 볼까요. 회계의 경우, 직장을 다니면서 틈틈이 공부한다고 가정하면 '회계 원리'라는 기본 지식을 습득하는 데도 6개월 정도 소요가 될 것입니다. 기업 회계, 재무 회계, 세무 회계, 원가 회계 등 중급 회계 단계까지 올라가려면 추가로 1~2년은 더 필요할 것이고요. 물론 기간은 개인의 능력과 상황에 따라 늘어날 수도 있고, 줄어들 수도 있습니다. 중요한 것은 기업에서 다루는 업무를 제대로 알려면 시간이 많이 소요되지만, 인문학과 사회과학에 관심이 있어, 평소에 독서를 꾸준히 한 사람은 위에서 예로 든 회계뿐만 아니라 새로운 분야를 습득하는 데 거부감이 적고, 공부하는 기간도 단축된다는 것입니다.

---

4) 출처: 취업 포털 사이트 '사람인'(https://bit.ly/2AwaMq2).

업무를 잘 알면 코딩으로 로직 구현하기도 유리합니다. 로직이란 업무 요건을 소스코드로 구현하기 위한 논리적인 흐름입니다. 업무를 모르면 계속 누군가에게 물어봐야 하는데, 질문하는 것이 나쁜 것은 아니지만, 궁금할 때마다 망설임 없이 물어보기가 쉽지만은 않아요. 하지만 내가 잘 알고 있다면 그럴 필요가 없어요. 내가 알고 있는 업무를 어떻게 하면 효과적으로 설계하고 구현할 수 있는지 즐거운 고민을 할 수 있습니다.

업무 중심의 개발에서는 업무를 모를 경우, 코딩을 하고 싶어도 제대로 못 할 뿐만 아니라, 전체적인 숲은 모른 채 지엽적인 코딩에만 집중할 수 있습니다. 코딩 잘하는 것이 물론 중요하지만, 전체적인 그림을 알면 내가 만든 프로그램과 팀 동료가 만든 프로그램이 어떻게 연결되는지 알 수 있고, 내가 보완해야 할 것, 상대방이 보완해야 할 것을 예측할 수 있습니다.

업무를 알면 고객의 관점에서 생각할 수 있고, 프로그램 설계 단계에서 알아보았던 사용자 경험(User Experience, UX)을 고려할 수 있습니다. 사용자 경험은 사용자가 제품, 프로그램 등을 사용하면서 느끼고 경험하게 되는 것을 말합니다. 업무를 수행하려면 어떤 과정을 거쳐야 하는지, 프로그램에 어떤 기능이 녹아 있어야 하는지 알기에 사용자가 사용하기 쉬운 프로그램을 만들 수 있어요.

와이어드 인터그레이션스(Wired Integrations)의 공동 창업자이자 대표인 마크 길모어는 다음과 같이 말합니다.

"가장 먼저 해야 할 일은 가능한 비즈니스를 많이 터득하는 것
이다. 기업의 활동을 이해하고 나면 IT 지식을 이용해 이를 개선
할 수 있다. 스스로를 더 값진 존재로 각인시킬 수 있다는 의미이
다. IT의 관점만 고수하면 안 된다. 자신의 일이 비즈니스와 어떤
연관성을 갖는지 시각을 넓혀야 한다. 자격증 20개, 석사 학위 같
은 학위보다 더 중요한 부분이다."[5]

업무 프로그램 개발은 화면 프로그램 개발, 서버 프로그램 개발로
구분됩니다. 실무에서는 서버 프로그램을 보통 서비스 프로그램이라
고 부릅니다.

Part 5의 프로그램 설계에서 알아볼 업무단 화면은 웹(WEB)보다는
X-Internet 프로그램을 사용하여 개발합니다. X-Internet 프로그램은
화면 디자인하기가 쉽기에 디자이너가 따로 필요하지 않으므로, 개발
자가 화면을 디자인하면서 개발도 합니다.

업무단 서비스 프로그램은 일반적으로 C, Pro*C, Java를 사용합니
다. 은행, 증권 프로젝트에서는 C, Pro*C를 주로 사용하고 카드, 보험
프로젝트에서는 Java를 주로 사용합니다.

Pro*C는 오라클 데이터베이스와 연동되어 사용되는 C 언어와 유사
한 프로그래밍 언어입니다. DB 종류에는 Oracle, DB2, MS-SQL 등 여
러 가지 제품이 있지만, 금융 기관은 대용량 데이터를 처리하기 위해
서 오라클 DB를 주로 사용합니다. Pro*C는 자체 고유의 기능도 가지

---

5) 출처: Dan Tynan, ''꼭 필요한 인재 되기' IT 전문가가 가져야 할 12가지 습관',
CIOKOREA(https://bit.ly/2DQ0B2L).

고 있지만, Pro*C 프로그램 내에서 C 언어의 모든 기능을 사용할 수 있는 장점이 있습니다.

서비스 프로그램에서 업무의 로직을 처리하고, DB에 데이터를 입력, 수정, 삭제 처리하며, 또한 Part 2에서 알아보았던 대내 인터페이스와 대외 인터페이스 작업을 수행합니다. 금융 업무는 대외 기관과 협력해서 처리하는 경우가 많으므로 대외 인터페이스 작업이 많습니다.

회계는 금융 업무의 기본

모든 기업은 재무, 경영관리에 대한 업무를 수행하므로 회계에 대한 지식을 가지고 있으면, 프로젝트에서 금융 업무를 습득할 때 많은 도움이 됩니다. 회계가 금융 개발 프로젝트에서 단독으로 다루는 하나의 업무일 뿐만 아니라, 회계가 금융 업무와 연관성을 많이 가지고 있으므로 회계를 알면 업무 이해에 도움이 되는 것이죠.

회계를 공부하면 기업의 수익, 비용, 재무, 영업, 투자 관리, 금융업법 등에 대한 지식을 갖게 됩니다.

금융 개발자의 장점

금융, 통신, 유통, 제조 등 산업 분야마다 고유 업무가 있어 업무를 중요시하지만, 금융 분야에서 특히 업무를 더 중요시하고 전문성을 인정합니다.

금융 프로젝트는 업무 경험자를 선호합니다. 금융 기관에서 정하는 나름의 진입 장벽이 있어, 업무 경험이 없으면 프로젝트에 들어가기가 힘듭니다.

금융 기관에서 개발 프로젝트를 완료한 후, 개발자가 원할 경우 운영 프로젝트를 이어서 진행할 수 있습니다. 개발 프로젝트를 하면서 하나의 업무만 하기는 어려움이 있습니다. 해당 업무를 진행하는 프로젝트가 항상 있는 것은 아니기 때문입니다. 그래서 개발 프로젝트를 하다가 기회가 되었을 때 운영으로 들어가서 하나의 업무에 대해 집중하는 것이 효과적입니다.

업무의 지식과 이해도는 운영 연수가 늘어감에 따라 깊어지고, 고객으로부터 해당 업무에 대한 전문성을 인정받을 수 있습니다. 업무에 대한 전문성을 인정받으면, '이 사람은 필요한 인력이다', '이 사람이 없으면 업무 운영이 힘들다'는 인식을 주게 되므로 개발자로서 오래 일할 수 있습니다.

금융 프로젝트를 진행하다 보면, 나이 많으신 개발자 분들이 현역으로 일하시는 모습을 자주 봅니다. 나이가 많다는 것은 50대 중후반 및 60대 초반을 말하는데요. 물론 본인의 의지와 노력이 있다면, 그 이상도 가능하지 않을까 생각합니다.

Part 1에서 알아본 바와 같이 현재 수많은 프로그래밍 언어와 기술이 있습니다. 앞으로도 기술은 계속 발전하고, 새로운 언어와 개발 방법이 나올 것입니다. 시간이 흐름에 따라 몸이 노화되어 예전의 체력을 유지할 수 없는 것처럼, 나이가 들면 아무래도 신기술을 익히는 데는 애로 사항이 있다는 것을 부인할 수 없습니다. 필자가 현장에서 지켜보면 코딩 자체만 놓고 볼 때는 경력이 많은 개발자보다 신입이 더 잘합니다. 악기를 다루듯 키보드를 치는 빠른 손놀림을 볼 때마다 감탄하곤 해요.

기술 습득이 상대적으로 약해진 것을 보완할 수 있는 무기가 업무 지식과 경험입니다. 금융 분야에서는 더더욱 업무에 대한 경험과 숙련도를 기술보다 더 우위에 둡니다. 업무의 난이도가 상대적으로 높고, 금전을 다루다 보니 그렇다고 생각합니다. 금융 분야만 강조한 것 같은데, 정도의 차이는 있겠지만 어느 분야나 고유 업무에 대한 전문성은 중요합니다. 업무를 잘하는 개발자가 인정받고, 장기근속하며, 시스템 개발과 운영에 기여합니다.

필자가 과거에 프로그래밍 공부를 시작할 때 외국의 나이 많은 개발자 분이 쓴 책을 보면서 '나도 저렇게 오랫동안 내가 좋아하는 일 하면서 살았으면 좋겠다'고 생각한 적이 있습니다. 업무에 대해 공부하고 전문성을 갖추면 우리도 가능합니다.

업무를 구현하려면 물론 기술에 대한 지식도 갖추어야 합니다. 당연하지만 업무만 알고 있고, 기술이 어떤 기능을 가지고 있는지, 어떻게 구현해야 효과적이고 안정적인지 모른다면 개발을 진행할 수 없을 뿐만 아니라, 좋은 프로그램의 기반이 되는 프로그램 설계도 할 수 없습니다. 그러므로 업무의 중요성을 강조했지만 기술을 도외시해서는 안 된다는 것을 말하고 싶습니다. 기술 중심 개발에 대해서는 잠시 후 자세히 알아보겠습니다. 업무에 대한 전문성을 가지고 있는 상태에서 기술까지 잘 다룬다면 독보적인 위치를 점할 수 있습니다.

금융 시스템은 금전을 다루기에 안정성을 중시하고, 업무나 서비스를 처리할 때 대량의 거래가 발생하기에, 프로그램의 설계와 개발에서 높은 완성도와 프로그램의 빠른 성능을 요구합니다. 개발 이후 테스트도 여러 단계를 거치면서 정밀하게 진행합니다. 그러므로 개발자가 금융 프로젝트 경험을 가지고 있으면, 상대방은 검증되고 신뢰할 수 있는 개발을 해 왔다고 받아들입니다.

개발자가 개발하고 운영하는 금융 기관에서 좋은 평가를 받을 경우, 직원으로 채용 제의를 받기도 합니다. 함께 일하는 고객사의 직원이 추천하여 해당 회사의 직원으로 들어가는 경우인데요. 평소에 협업을 잘하고 책임감 있고 성실하게 일하면 기회가 주어집니다.

개발자가 경력 관리를 잘하고 목표로 하는 기관에 맞게 준비를 한다면, 원하는 금융 기관이나 공공 기관 IT 부서에 입사할 수 있는 기회도 찾아옵니다. 금융에도 다양한 업무가 있으므로 경력 관리도 전략적으로 할 필요가 있습니다. 하나의 업무만 집중적으로 경력을 쌓아서 스페셜리스트가 될 수도 있고, 다양한 업무를 경험하여 제너럴리스트가 될 수도 있습니다. 제너럴리스트는 뒤에서 자세히 알아보겠습니다.

금융 차세대 프로젝트

금융 차세대 프로젝트는 금융 기관에서 10~15년 주기로 진행되는 시스템 전반을 바꾸는 거대한 작업입니다. 기관에 따라 차이가 있지만 보통 프로젝트 진행 기간은 2년 정도이고, 수행 인원은 수백 명에 달합니다. 프로젝트 수행 인력이 많아서 고객사에서 PC를 제공하기 어려우므로 개발 장비가 지급되지 않습니다. 개발자 본인이 노트북을 들고 와야 합니다.

내가 만든 프로그램이 로컬에서 여러 팀의 개발자들이 만든 프로그램과 함께 돌아가야 하므로 노트북 성능이 좋아야 하며, 이는 개발 생산성을 높이는 방법 중의 하나입니다. 노트북 성능이 떨어지면 컴파일 또는 빌드하는 데 시간이 많이 소요돼요. 컴파일, 빌드에 대해서는 Part 5의 'CHAPTER 03. 프로그램 개발'에서 알아보겠습니다.

차세대 프로젝트는 새로운 시스템 환경에서 모든 프로그램을 새로 개발해야 하기에, 팀 간의 협업을 많이 요구합니다. 한 공간에 많은 수의 인원이 모여 있으므로 여기저기서 업무에 대해 협의하는 목소리가 들리지요.

내가 만든 프로그램이 다른 팀에서 공유되고 호출되므로 프로그램 설계 단계에서 알아보았듯이, 타 업무와의 연계를 생각하여 프로그램을 유연하게 설계해야만 프로그램을 자주 수정하는 번거로움을 줄일 수 있습니다.

차세대 프로젝트는 업무 강도가 높고, 야근이 많은 편입니다. 그러다 보니 차세대 프로젝트를 수행하는 개발자는 고생을 많이 하게 되고, 철수 후에는 프로젝트에 대해서 좋은 감정을 가지기 힘들 수 있어요. 필자는 차세대 프로젝트를 여러 번 수행하였는데요. 프로젝트마다 우여곡절이 많고 쉽지가 않지만, 대형 시스템 내 각 업무 영역이 어떻게 연동해서 움직이는지 알 수 있고, 자신의 업무 능력을 향상시킬 수 있으며 경력 관리에도 많은 도움이 됩니다.

앞에서 금융 프로젝트는 업무 경험자를 선호한다고 했어요. 금융 업무 경험이 없는 사람은 차세대 프로젝트를 이용하는 것도 하나의 방법입니다. 차세대 프로젝트도 물론 해당 업무 경력이 있는 사람 위주로 뽑습니다. 그런데 차세대 막바지에는 중도에 철수하는 개발자들이 자주 있으므로, 이 기회를 활용하면 금융 업무 경험이 없어도 들어가서 일할 수 있어요. 물론 개발 막바지이므로 프로젝트 초반보다는 고생도 더 하고 스트레스도 더 받을 수 있지만, 열심히 업무를 경험하고 습득하면, 다음 프로젝트로 계속 이어서 일할 수 있는 발판을 만들 수 있습니다. 참는 자에겐 복도 오고, 원하는 길도 열릴 거예요.

CHAPTER 02

기술 중심 개발자

웹 개발자

현장에서 진행되고 있는 개발 프로젝트는 웹 개발자, 앱 개발자, 공통 개발자, 인터페이스 개발자, 아키텍트 등의 인력을 필요로 합니다. 그 외 게임 개발자, 임베디드 개발자 등이 기업에서 활동하고 있지만, 일반적으로 개발 프로젝트에서 필요한 인력은 아니므로 여기서는 다루지 않도록 하겠습니다.

기술 중심 개발이란 웹 기술, 앱 기술, 시스템 아키텍처 설계 능력 등 기술에 대한 이해와 적용을 중요시하는 프로젝트에서 개발하는 것을 말합니다. 다양한 기술에 대한 체계적인 지식과 노하우를 가지고 있는 개발자가 좋은 평가를 받습니다. 물론, 시스템 아키텍처 설계 능력 등을 가지고 있는 아키텍트 인력은 업무 중심 개발에도 필요합니다. 업무단 프로그램도 정교한 아키텍처 설계가 기반이 되어야 장애 없이 효과적으로 운영될 수 있기 때문입니다. Part 2에서 알아보았던 채널단 프로젝트가 기술 중심 개발에 해당합니다. 그러면 웹 개발자의 역할부터 하나씩 알아보겠습니다.

웹 개발은 화면 프로그램 개발(프론트엔드 개발), 서버 프로그램 개발(백엔드 개발)로 구분됩니다. 줄여서 화면 개발, 서버 개발이라고 합니다.

화면 개발은 디자이너, 퍼블리셔, 개발자의 협업을 통해 다음 과정으로 진행됩니다.

① 디자이너가 화면 디자인을 합니다. 이미지와 CSS를 사용하여 화면에 디자인 요소를 적용한 후, HTML 파일을 만듭니다. CSS(Cascading Style Sheet)는 웹 화면에 디자인을 적용할 때 사용되는 언어입니다.

② 퍼블리셔가 웹표준, 크로스 브라우징, 화면의 동적 움직임을 구현하기 위하여 jQuery, JavaScript를 사용하여 기본적인 코딩 작업을 합니다. 크로스 브라우징(Cross Browsing)이란 다양한 웹 브라우저를 사용하더라도 동일한 화면이 표시되고, 동일한 기능이 처리되도록 하는 것을 말합니다. 화면의 동적 움직임이란 버튼을 클릭했을 때 숨겨진 그래프가 보이거나, 팝업 화면이 뜨는 등 화면이 동적으로 움직이는 효과를 말합니다.

퍼블리셔가 기본적인 코딩을 하더라도 결과물은 HTML 파일 상태를 유지하므로, 서버 프로그램과 연동하여 화면에 데이터를 출력하지는 않습니다. jQuery는 DOM 조작, 이벤트 제어, 크로스브라우징을 쉽게 하도록 도와주는 자바스크립트 라이브러리 중의 하나이며, 퍼블리셔뿐만 아니라 개발자도 필수적으로 사용하는 도구입니다. HTML은 여러 요소(Element)로 이루어져 있으며, 요소를 태그(Tag)라고도 합니다. 이러한 요소들은 계층적인 구조로 이루어져 있으며, 이러한 계층적 구조를 DOM이라고 이해하면 됩니다. 라이브러리란 유용한 기능을 가진 프로그램들의 묶음입니다.

③ 개발자가 HTML 파일을 JSP 파일로 변환하여 실제적인 코딩 작업을 합니다. 서버 프로그램과 연동하여 데이터베이스에 저장되어 있는 데이터를 조회하거나, 사용자가 입력한 데이터 기준으로 데이터베이스에 입력, 수정, 삭제 처리를 합니다.

코딩 작업은 JSP(Java Server Pages), ASP(Active Server Pages), PHP(PHP-Hypertext Preprocessor) 등과 같은 서버와 동적으로 연동 작업을 할 수 있는 언어를 사용합니다. JSP는 Java 진영에서 만든 것이고, ASP는 MS(Microsoft) 진영에서 만든 것입니다. PHP는 상대적으로 규모가 작은 웹페이지를 만들 때 많이 사용되며, 사용하기 쉽고 속도가 빠른 편입니다. Java가 전 세계적으로 유행하고 있으므로 요즘 진행되는 프로젝트에서는 대부분 JSP를 사용하여 개발합니다.

서버 개발은 Java를 사용하여 개발합니다. Part 1에서 알아보았던 C를 사용하여 서버 프로그램을 개발할 수 있지만, 웹 개발에서는 Java 사용이 일반적입니다. Java 프로그램에서 데이터베이스(DB)와 연동하는 작업을 합니다. DB 연동이란 DB에서 데이터를 조회하거나 DB에 데이터를 입력, 수정, 삭제하는 작업을 말합니다. 예를 들어, 회원가입 화면에서 사용자가 성명, 주소 등의 정보를 입력하고 저장 버튼을 클릭하면, 사용자가 입력한 정보가 Java 프로그램으로 들어가게 되고, Java 프로그램은 해당 정보를 DB에 입력하게 됩니다.

DB와 연동 작업을 편하게 하기 위해서 MyBatis와 같은 ORM 툴(개발도구)을 사용합니다. 다음에 나오는 ORM에 대한 설명은 '이런 것도 있구나' 하고 부담 없이 읽어 보면 되겠어요. 나중에 Java에 대한 기본기가 잡힌 이후에 공부해도 됩니다.

ORM(Object-Relational Mapping)은 Java와 DB 간에 데이터 연동을 쉽게 처리해 주는 프로그램입니다. Java 프로그램에서 MyBatis를 사용하기 위해서는 MyBatis가 제공하는 기능을 호출하면 됩니다. ORM 프로그램을 사용하지 않을 경우, DB와 연동하기 위해서 Java 프로그램에 SQL 문장을 직접 입력해야 하고, 부수적이고 반복적인 코드들이 많이 필요합니다. 그러다 보니 코딩 중에 오류가 발생할 확률이 높고, 유지·보수하기도 불편해요. 하지만 ORM 프로그램을 사용할 경우, 개발자가 코딩해야 할 상당한 부분을 ORM이 내부적으로 처리하고, SQL 문장도 Java 프로그램 내부가 아닌 외부 XML 파일로 관리하므로 유지·보수가 편리합니다.

그림 3-1. Java-MyBatis-DB 연동

WEB 서버와, WAS(Web Application Server)에 대해서 알아보겠습니다. 아래 설명이 헷갈리면 나중에 봐도 되므로 마찬가지로 부담 없이 읽어 보세요. 둘 다 서버(솔루션)이며, 프로그램이 실행되는 공간입니다. 화면 프로그램과 서버 프로그램은 '서버라는 솔루션' 내에서 실행됩니다. 화면 프로그램은 WEB 서버에서 실행되고, 서버 프로그램은

WAS에서 실행됩니다. 둘 다 서버의 도움을 받아야 실행될 수 있어요.

솔루션도 프로그램이지만 서버가 제품 형태로 제공되므로, 이해의 편의를 돕기 위해서 프로그램 대신에 솔루션이라고 칭하였습니다.

먼저 ① 서버 프로그램과 ② '서버라는 솔루션'에서, 서버라는 단어가 중복되기에 혼란스러울 수 있습니다. 서버 프로그램에서의 서버는 WAS를 의미하고, '서버라는 솔루션'에서 서버는 WEB 서버와 WAS를 포함합니다. 즉, 같은 개념인데 범위만 다를 뿐입니다.

서버 프로그램은 WAS 내에서 실행되는 프로그램이므로 서버 프로그램이라고 부른다고 이해해도 되고, WEB 서버에서 실행되는 화면 프로그램의 '요청을 처리한다'는 의미에서 서버 프로그램이라고 부른다고 이해해도 됩니다.

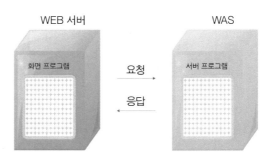

그림3-2. 화면 프로그램-서버 프로그램 연동

Part 5의 프로그램 설계에서 알아볼 C/S(Client/Server)의 서버(Server)도 서버 프로그램을 의미합니다. Client는 화면 프로그램이고 Server는 서버 프로그램이에요. 반복해서 말하지만 '서버라는 솔루션'에서의 서버는 WEB 서버와 WAS를 통칭하므로, 화면 프로그램과 서버 프로그램이 실행되는 공간이라고 보면 됩니다. 물리적인 공간이 아니고 프로그램으로 만들어진 공간이에요. 즉, 화면 프로그램과 서버 프로그램은 단독으로 실행될 수 없고, 서버(솔루션: WEB 서버 및 WAS)라는 공간에 올라가야지만 실행될 수 있습니다.

여기서 한 걸음 더 나아가야 하는데요. 화면 프로그램 모두가 WEB 서버에서 실행되는 것이 아니라 화면 프로그램 중 정적인 자원인 이미지, CSS, HTML, JS 파일 등은 WEB 서버에서 실행되고, 화면 프로그램 중 동적인 자원인 JSP 파일은 서버 프로그램인 Java와 함께 WAS(Web Application Server)에서 실행됩니다. 정적, 동적이라는 단어를 썼는데요. 화면 프로그램은 정적 자원(이미지, CSS, HTML, JS)과 동적 자원(JSP)으로 구분됩니다. 정적 자원은 WEB 서버에서 변화가 없기에 정적이라고 표현하고, 동적 자원은 WAS에서 HTML 파일로 변환되기에 동적이라고 표현합니다.

프로젝트에 따라서 화면 개발자 역할, 서버 개발자 역할을 구분하여 개발자가 각각 있기도 하지만, 보통은 웹 개발자가 화면 개발과 서버 개발을 함께 수행합니다. 그러므로 웹 개발자는 HTML, jQuery, JavaScript, JSP, Java, DB, Mybatis, Spring, WAS 등에 대한 기술을 모두 가지고 있어야 합니다. Spring은 오픈 소스 프레임워크를 말합니다.

앱 개발자

우리가 사용하는 스마트폰의 모바일 OS는 안드로이드, iOS로 구분 되기에 안드로이드 스마트폰, iOS 스마트폰으로 나누어집니다. OS(Operating System)란 운영체제를 말하며, 앱이 실행되기 위해서는 스마트폰에 기본적으로 설치되어 있어야 합니다. 앱은 네이티브 앱, 웹 앱, 하이브리드 앱으로 구분됩니다. 네이티브 앱부터 하나씩 알아보겠 습니다.

네이티브(Native) 앱이란 스마트폰의 OS에 최적화된 언어로 개발하 는 앱을 말합니다. 안드로이드 네이티브 앱은 Java로 개발하며, iOS 네 이티브 앱은 Objective-C 또는 Swift로 개발합니다. 개발자가 안드로 이드 네이티브 앱과 iOS 네이티브 앱을 함께 개발하는 경우는 드물기 에, 일반적으로 네이티브 앱 프로젝트에서는 OS에 맞게 안드로이드 네 이티브 앱 개발자, iOS 네이티브 앱 개발자가 각각 필요합니다.

Part 1에서 알아본 것처럼 Objective-C는 난이도가 있는 편이지만, Swift는 훨씬 수월하게 접근할 수 있는 언어입니다. 애플사에서도 Swift에 대해서 지원을 많이 하고 있으므로 iOS 네이티브 앱 개발을 이제 시작하려고 한다면, Swift로 공부하는 것이 유리해 보입니다.

네이티브 앱은 스마트폰에 설치해야 사용할 수 있습니다. 우리가 스 토어에서 다운로드 받아서 사용하는 앱을 생각하면 됩니다. 앱 실행 속도가 빠르며, 스마트폰의 모든 장치(카메라, GPS 등)에 접근하여 해당 장치의 기능을 사용할 수 있습니다. 또한 화면을 정교하게 디자인할 수 있습니다. 하지만 OS별로 네이티브 앱을 만들어야 하기에 추가 비 용이 발생하고, 앱의 기능을 수정하거나 추가할 때마다 앱 스토어를 통하여 배포해야 하므로 시간이 많이 소요되는 편입니다.

장점	① 앱 실행 속도가 빠르다.
	② 스마트폰의 모든 장치(카메라, GPS 등)에 접근하여 해당 장치의 기능을 사용할 수 있다.
	③ 화면 디자인을 정교하게 만들 수 있다.
단점	① OS별로 앱을 따로 만들어야 하기에 추가 비용이 발생한다.
	② 앱의 기능을 변경할 때마다 앱 스토어를 통하여 배포해야 하므로 시간이 많이 소요된다.

표 3-1. 네이티브 앱의 장단점

웹(Web) 앱이란 모바일 브라우저로 웹 화면을 보여주는 앱을 말합니다. 웹 개발자가 웹 화면을 개발한 후, 해당 화면을 스마트폰의 모바일 브라우저로 보여 주면 되는 것이죠. 따라서 네이티브 앱은 스마트폰에 앱을 설치해야 하지만, 웹 앱은 앱 설치과정이 필요하지 않습니다.

물론, 모바일 브라우저에 PC 웹 화면을 그대로 보여줄 경우, 해상도가 맞지 않아 웹 화면을 제대로 보기가 힘들기 때문에 스마트폰의 해상도에 맞게 웹 화면을 다시 작업해야 합니다. 실무에서는 PC에서 사용할 웹 화면과 앱에서 사용할 웹 화면을 각각 개발하기도 하고, '반응형 웹'이라고 하여 사용자가 사용하는 기기에 따라 화면의 크기가 자동으로 변하는 웹을 개발하기도 합니다. 반응형 웹이 원하는 만큼 동작하지 않고, 반응형 웹으로 만든 화면을 유지·보수하기도 쉽지 않아서 PC용, 모바일용으로 따로 개발하는 것이 상황에 따라 더 좋은 방법일 수도 있습니다.

앱에서 사용할 웹 화면을 하나 개발하면 안드로이드 스마트폰, iOS

스마트폰 모두 사용할 수 있으므로 시간과 비용이 절약됩니다. 앱을 수정하려면 웹 화면만 변경하면 되고, 앱 스토어를 통하여 배포할 필요가 없으므로 빠르게 처리할 수 있어요. 하지만 네이티브 앱보다는 앱 실행 속도가 상대적으로 느리고, 앱 화면이 웹 화면이다 보니 디자인하기가 수월하지 않습니다. 또한 스마트폰의 장치를 제한적으로만 접근하고 제어할 수 있습니다.

장점	① 웹 화면을 하나 개발하면 안드로이드, iOS 모두 사용할 수 있어 비용이 절약된다.
	② 앱을 수정하려면 웹 화면만 변경하면 되고, 앱 스토어를 통하여 배포할 필요가 없으므로 빠르게 처리 가능하다.
단점	① 앱 실행 속도가 상대적으로 느리다.
	② 화면 디자인하기가 수월하지 않다.
	③ 스마트폰의 장치를 제한적으로만 접근하고 제어할 수 있다.

표 3-2. 웹 앱의 장단점

하이브리드(Hybrid) 앱이란 네이티브 앱과 웹 앱의 장점을 모두 가진 앱을 말합니다. 네이티브 앱과 비슷한 앱 실행 속도를 내고, 아래에서 설명할 '하이브리드 프레임워크'를 지원해 주기에 스마트폰의 대부분의 장치를 접근하고 사용할 수 있습니다. 웹 앱처럼 웹 화면을 하나 개발하면 안드로이드 스마트폰, iOS 스마트폰 모두 사용할 수 있습니다.

웹 화면으로 개발하지만, 하이브리드 프레임워크를 사용하여 네이티브 앱으로 변환 작업을 거치므로, 네이티브 앱처럼 스마트폰에 설치해야 사용할 수 있습니다. 앱 내부는 웹 화면을 보여 주지만 앱 겉모습은 일반 네이티브 앱과 동일합니다.

네이티브 앱이라 앱의 기능을 수정하거나 추가할 때마다 앱 스토어를 통하여 배포해야 해서 불편하지만, 하이브리드 프레임워크가 알아서 안드로이드용 네이티브 앱, iOS용 네이티브 앱을 만들어 주기에 개발자는 웹 화면 하나만 개발하면 되므로 편리합니다. 하이브리드 프레임워크를 사용하면 기존에 만들어 둔 웹 앱도 하이브리드 앱으로 변환할 수 있습니다.

요즘 금융 앱 개발 프로젝트에서는 하이브리드 앱 개발이 대세라고 할 수 있습니다. 비용이 절감되고 앱 수정 요구에 빠르게 대응할 수 있기 때문입니다.

장점	① 앱 실행 속도가 빠르다.
	② 웹 화면을 하나 개발하면 안드로이드, iOS 모두 사용할 수 있어 비용이 절약된다.
	③ 스마트폰의 대부분의 장치를 접근하고 제어할 수 있다.
단점	① 앱의 기능을 변경할 때마다 앱 스토어를 통하여 배포해야 하므로 시간이 많이 소요된다.

표 3-3. 하이브리드 앱의 장단점

공통 개발자

공통 개발은 화면 프로그램과 서버 프로그램에서 사용하는 공통화면, 공통 기능을 개발하는 것을 말합니다. 채널단(웹/앱) 개발 프로젝트, 업무단 개발 프로젝트 모두 공통 개발 역할이 있습니다.

웹 개발에서 화면 프로그램의 '공통 기능'은 JavaScript로 개발하며, 서버 프로그램의 '공통 기능'은 Java로 개발합니다. 다음의 내용들이 화면 프로그램의 공통 기능에 포함될 수 있습니다.

① 화면에서 입력한 문자열이 공백인지 체크
② 화면에서 입력한 값이 숫자인지 문자인지 체크
③ 화면에서 입력한 문자열을 원하는 byte만큼 자르기
④ 주민번호와 사업자번호가 올바른지 체크
⑤ 이메일 형식이 올바른지 체크
⑥ 화면에 문자가 아닌 숫자만 입력할 수 있도록 제한
⑦ 금액에 콤마 삽입 및 제거

업무단 개발에서 부서 조회 화면, 사원 조회 화면은 대부분의 업무 화면에서 사용하는 화면입니다. 이러한 화면을 각각의 업무팀에서 중복으로 개발할 수 없으므로, 여러 업무에서 호출하여 사용할 수 있도록 '공통 화면'으로 개발합니다.

공통 개발자는 일반 개발자보다 기술적으로 더 높은 역량을 가지고 있는 경우가 많으므로 기술적으로 구현하기 까다로운 기능을 구현하고, 개발자들이 업무 개발에 집중할 수 있도록 지원하는 역할을 담당합니다.

인터페이스 개발자

인터페이스 개발은 Part 2의 '인터페이스'에서 알아보았던 대내 인터페이스와 대외 인터페이스를 개발하는 것을 말합니다. 대내 인터페이스 개발은 EAI 솔루션에서 제공하는 기능을 사용하여 작업하며, 대외 인터페이스 개발은 FEP 솔루션에서 제공하는 기능을 사용하여 작업합니다. 인터페이스는 프로젝트 환경에 맞게 Java 또는 C를 사용하여 개발합니다.

인터페이스 개발은 타 시스템과 연동해서 처리하므로 타 시스템 인터페이스 담당자와 원활하게 협업을 하는 것이 중요합니다. 실무에서 보면, 빠르게 진행될 것 같은 작업도 상호간에 커뮤니케이션이 제대로 되지 않아서 작업이 지연되는 경우가 종종 있습니다.

인터페이스는 전문을 주고받으므로 양방이 가지고 있는 전문 정보가 일치해야 합니다. 전문이란 고정길이 문자열로 구성된 일련의 데이터를 말하며, 전문은 여러 개의 고정길이 항목을 가지고 있고, 이러한 항목들을 전문 레이아웃이라고 합니다. Part 2의 '인터페이스'에서 알아보았던 내용이에요.

그런데 전문 수정을 한쪽만 하고 상대방에게 공유하지 않을 경우, 테스트 시 장애가 발생하고, 오류를 수정하는 데 불필요한 시간이 소요됩니다. 전문 레이아웃은 사전에 서로 충분히 고민하여 최종안을 도출해야 되는데 전문 설계를 제대로 하지 않을 경우, 인터페이스를 테스트하면서 추가 요건을 반영하다 보니 빈번히 레이아웃을 수정하는 경우가 생기기도 합니다.

인터페이스는 한쪽의 업무와 다른 쪽의 업무를 연결하는 작업이고,

중간에 위치한 EAI, FEP 솔루션 담당자는 해당 솔루션에만 관심을 가지는 경향이 있으므로 인터페이스 개발자는 업무와 솔루션 사이의 중재 역할을 하고, 문제 발생 시 전체적인 관점에 조율을 해야 신속하게 개발을 진행해 나갈 수 있습니다.

아키텍트

아키텍트(Architect)의 역할은 테크니컬 아키텍트(Technical Architect, TA), 소프트웨어 아키텍트(Software Architect, SA)로 구분됩니다.

1) 테크니컬 아키텍트의 업무

(1) 인프라 아키텍처 설계 및 구축

인프라 아키텍처는 시스템의 기반 구조를 의미합니다. 시스템의 기반 구조를 설계한다는 것은 시스템 기반의 전체적인 그림을 그린다는 것입니다. 이것은 서버 및 하드웨어를 구성하고, OS 및 솔루션을 구성하며, 네트워크를 구성하고, 스토리지를 구성하는 것을 말합니다. 솔루션이란 제품화되어 판매되는 상용 프로그램을 말하고, 스토리지는 컴퓨터 하드디스크와 같은 기능을 하는 기업용 저장 장치를 말합니다.

(2) 신기술 도입 검토 및 적용

새로운 기술의 특징은 무엇이고, 요구 사항은 무엇인지 파악해야 합니다. 특정 기술을 현 시스템에 적용할 경우 어떤 변동 사항이 생기는지 영향도를 충분히 고려해야 합니다.

2) 소프트웨어 아키텍트의 업무

(1) 소프트웨어 아키텍처 설계 및 구축

소프트웨어 아키텍처는 시스템을 구성하는 컴포넌트의 구조를 의미합니다. 시스템을 구성하는 컴포넌트의 구조를 설계한다는 것은 전체적인 시스템을 만들기 위해서 어떤 컴포넌트가 필요한지, 컴포넌트와 컴포넌트의 관계는 어떻게 되는지를 정립하는 것입니다.

하나의 프로그램은 모듈이 여러 개 모여서 만들어집니다. 모듈은 기능들의 묶음이에요. 이러한 모듈을 컴포넌트라고 보면 됩니다. 화살표로 표현하면 '기능 → 모듈 → 프로그램'이며, 기능들이 모여 모듈이 되고, 모듈이 모여 프로그램이 됩니다. 예를 들어, 계산기 프로그램을 만든다면 덧셈·뺄셈·곱셈·나눗셈 기능이 들어 있는 사칙연산 모듈, 회계 계산을 편하게 도와주는 회계 모듈 등이 필요할 거예요.

(2) 프레임워크 설계, 개발

프로젝트의 요구 사항을 반영하여 프레임워크를 설계하고 개발합니다. 개발자는 개발 표준을 준수하고, 개발 생산성을 높이며, 유지·보수를 용이하게 하기 위하여 프레임워크를 사용합니다.

(3) 개발 환경 구성

어떤 개발 도구와 라이브러리를 사용하여 개발 환경을 구성할지 결정합니다. 개발자가 개발을 진행하기 위해서는 개발자 PC에 개발 환경이 구성되어야 합니다.

(4) 개발 가이드 문서 작성, 개발자 교육 진행

개발자 PC에 개발 환경을 구성하는 방법, 프레임워크를 사용하는 방법, 개발 시 준수해야 하는 개발 표준(코딩 규칙), 샘플 코드 등의 내용이 들어 있는 개발 가이드 문서를 작성하고, 개발자 교육을 진행합니다.

(5) 개발 단계에서 개발 지원

개발 단계에서 개발자들이 봉착하게 되는 기술적 이슈를 해결하는 역할을 합니다. 프레임워크에 문제가 있다면, 해당 오류를 해결하고 프레임워크를 업그레이드합니다.

아키텍트는 시스템 전체를 바라보고 프로젝트 구성원들이 기술적으로 나아가야 할 방향을 안내해야 하며, 실무에서 사용되는 기술에 대한 체계적인 지식과 노하우를 가지고 있어야 하고, 새로운 기술과 앞으로의 전망에 대해 관심을 가지고 계속 공부해야 합니다.

프로젝트를 진행하면서 발생하게 되는 크고 작은 문제에 대해서 개발자가 개발에 집중할 수 있도록, 관련 당사자들과 협의하고 조율하여 해결책을 적극적으로 도출하려는 자세가 필요합니다.

CHAPTER 03

업무 중심 개발자의 대안, 제너럴리스트

업무 중심 + 기술 중심

제너럴리스트는 스페셜리스트에 대응되는 표현인데요. 스페셜리스트가 한 업무에 대해서 전문가라고 한다면, 제너럴리스트는 한쪽 분야를 고집하지 않고 상황에 따라 업무 중심 개발과 기술 중심 개발을 함께 수행하는 것을 말합니다. 물론 업무 중심 개발을 하더라도 한 업무에만 국한하지 않고, 여러 업무에 대해서 두루 경험을 가지는 것도 해당합니다.

웹 개발 프로젝트 또는 앱 개발 프로젝트에 참여하여 개발을 완료한 후, 업무단 프로젝트 개발을 진행하는 개발자가 제너럴리스트라고 할 수 있습니다. 즉, 채널단 개발과 업무단 개발을 자유로이 넘나드는 거예요.

"4차 산업혁명 시대에 주목받는 인재상으로 'π(파이)형 인간'이 떠오르고 있다. 사람을 지식의 넓이와 깊이에 다라 크게 세 가지의 인간형으로 분류한 것 중 하나다.

특정 분야에 대한 지식과 경험을 갖추고, 자신이 맡은 분야에서 전문가적 자질을 발휘하는 사람을 'I(아이)형 인간'이라고 부른다. 알파벳 I의 모양처럼 한 분야를 깊이 판 사람이라는 뜻이다. I

형 인간은 지식의 깊이는 갖췄지만, 지식의 폭이 좁다는 단점이
있다.

　I에서 가로획을 길게 그은 모양인 'T(티)형 인간'은 특정 분야의
전문가적 자질에 더해 폭넓은 교양을 지닌 사람으로, 현대 대다
수 기업이 바라는 인재상이다.

　두 개의 T가 합쳐진 듯한 모양의 'π(파이)형 인간'은 T형 인간에
서 한 단계 발전된 개념이다. 두 가지 이상의 분야에 전문가적 자
질을 갖추면서도 폭넓은 교양을 지닌 인재를 π(파이)형 인간이라
고 한다."

- 정태섭, 『하루를 살아도 후회 없이 살고 싶다』 중

　제너럴리스트를 소위 π(파이)형 인재라고 생각할 수 있습니다. 즉, 두
가지 이상의 영역에 지식과 경험을 가지고 있어 각각 전문성을 인정받
는 인재예요. 제너럴리스트는 양쪽의 장점을 모두 수용하여, 이를 극
대화하려고 노력합니다.

장점과 단점

　업무 중심 개발만 할 경우, 업무에 대한 탄탄한 지식과 경험을 가질
수 있기에 전문성을 인정받지만, 해당 업무를 개발하는 프로젝트가
늘 나오는 것이 아니므로 상황에 따라서 프로젝트를 구하지 못하는
경우가 생기기도 합니다. 프리랜서 개발자라면 일을 못 하고 쉬게 될

수 있고, 회사에 소속되어 직원으로 있다면 회사에서 대기하거나 자신의 업무 경력과 관련 없는 곳에 투입되어 일할 수도 있을 것입니다.

반면에 제너럴리스트는 한 업무에만 머물지 않고 다양한 업무를 경험하며, 채널단 개발과 업무단 개발을 함께 수행하는 능력이 있으므로 프로젝트가 없어 일하지 못하는 위험은 적습니다.

제너럴리스트는 여러 분야를 섭렵하므로 프로젝트 전체를 볼 수 있는 눈이 생겨 프로젝트 리더 또는 코디네이터 역할을 수행할 수 있습니다. 코디네이터는 업무와 업무를 중재하고 조율하는 역할을 수행합니다.

다양한 채널단 프로젝트를 경험하면 업무단 프로젝트를 진행할 때도 도움이 됩니다. 채널단 개발과 업무단 개발은 서로 무관하지 않습니다. 채널단 프로젝트는 업무단 프로젝트와 연동해서 개발을 진행하므로, 채널단 개발자와 업무단 개발자가 서로 협업해서 일을 진행해야 하는 경우가 많이 생깁니다. 각 영역의 개발자는 일반적으로 자신의 시스템 관점을 우위에 두고 문제를 해결하려고 하는 경향이 강하지만, 제너럴리스트는 양쪽 프로젝트의 개발이 어떻게 진행되는지, 어떤 이슈가 있는지, 대응 방법은 무엇인지를 미리 경험했기 때문에 쌍방에게 가이드를 해 줄 수 있고 사전에 어떤 부분에 중점을 두고 준비해야 하는지 잘 알고 있습니다.

채널단과 업무단의 협업에 대한 예를 들어 볼까요. 인터넷 뱅킹 앱 화면에서 타 은행 계좌 이체를 처리하기 위해서는 먼저 채널단 프로그램이 대내 인터페이스를 통해서 업무단 프로그램에 이체 정보를 전송하고, 그 후 업무단 프로그램이 대외 인터페이스를 통해서 타 금융 기관에 필요한 정보를 전송해야 합니다. 인터페이스에 대해서는 Part 2에서 알아보았습니다.

채널단과 업무단이 인터페이스를 하려면 사전에 각 담당자들은 구현할 업무에 대해서 충분한 협의를 거쳐야 합니다. 앱 화면을 설계할 때 업무단에 전송해야 할 정보를 사용자로부터 입력받을 수 있도록 디자인해야 하며, 앱 서버 프로그램에서도 업무단과 연동하기 위하여 필요한 로직을 구현해야 합니다. 업무단도 필요할 경우 전문을 새로 만들어야 할 수도 있습니다. 기존 전문을 수정할 경우, 문제없이 서비스되던 다른 업무에 영향을 줄 수 있기 때문입니다. 인터페이스는 전문 방식을 사용해서 쌍방 간에 통신을 합니다.

제너럴리스트는 양쪽의 업무를 모두 경험했으므로 어떻게 접근해야 일 처리가 지체되지 않고 원활하게 흘러가는지 잘 압니다. 따라서 혹시라도 채널단과 업무단의 협업이 제대로 안 되거나 방어적인 태도로 인해 시간만 흘러갈 경우, 제너럴리스트는 쌍방에게 가이드를 제공하여 원활한 업무 진행을 돕습니다.

개발 일정도 서로에게 부담되지 않는 선에서 제너럴리스트가 조율할 수 있죠. 개발 회의에서 누군가 다음과 같은 애로 사항을 말합니다.

> "추가 요건을 구현하려면 개발 기간이 적지 않게 필요합니다. 디자인도 하고, 화면 개발과 서버 개발을 하려면 몇 주는 필요해요. 현재 진행하는 A 업무 말고도 여러 업무를 함께 진행하고 있어서 많이 바쁩니다."

어떤 업무를 담당하고 있느냐에 따라 경중은 있겠지만 개발자는 늘

낮이나 저녁이나 바쁘게 일합니다. 안타까운 마음이 앞서죠. 하지만 제너럴리스트는 개발자로서 양쪽을 모두 경험했기에 이 업무를 처리하기 위해서는 얼마의 시간이 필요한지 알고 있습니다. 그러므로 상대방을 이해하고 존중하는 범위 내에서, 코디네이터로서 융통성 있게 일정을 조정할 수 있습니다. 물론 개발자가 말하는 개발 소요 기간이 일리가 있다고 판단된다면 그 개발자를 지지하고 응원합니다.

제너럴리스트의 단점은 여러 분야를 다루다 보니 전문성이 부족할 수 있다는 점입니다. 한 분야만 주력으로 하는 사람과 비교하면 어쩔 수 없는 부분이죠. 하지만 한 우물만 파는 스페셜리스트에 비할 바는 아니더라도, 제너럴리스트도 하나의 영역에서 일정 수준 이상의 실력과 경험을 갖춘 후에 다음 분야로 넘어가는 전략이 필요합니다. 제너럴리스트가 되더라도 전문성은 뒷받침되어야 한다는 것입니다. 어느 한 분야에서 전문성 수준을 끌어올리지 못하고 경험한 분야의 개수에만 치중할 경우, 자칫 이도 저도 아닌 아무것도 제대로 모르는 비전문가 될 수 있기 때문입니다. 그러므로 제너럴리스트로서 다양한 분야를 제대로 알도록 노력하는 것이 필요합니다.

스페셜리스트 또는 전문가가 되기 위해 한 분야에만 1만 시간을 투자한다고 하여 누구나 최고가 되는 것은 아닐 거예요. 1만 시간이 흐른 뒤에 길을 잘못 들었다는 것을 느끼고, 다시 다른 목표를 설정하고, 또 다른 1만 시간을 투자하기에는 우리 인생이 짧을지도 모릅니다. 즉, 한 분야만 주력으로 한다는 원칙이 무조건 정답이라고 할 수는 없는 것이죠. 한 분야만 정통으로 하지는 않더라도, 여러 분야를 다양하게 공부하면 서로 유기적으로 연결되고, 결국에는 통합적인 사고를 바탕으로 더 좋은 기회를 얻을 수 있습니다.

개발 일을 처음 시작하는 경우, 채널단 프로젝트부터 시작하는 경우
가 많습니다. 보통 웹 프로그램 개발부터 시작합니다. 웹 개발, 앱 개
발을 하면서 다양한 기술에 대해서 지식과 경험을 쌓고, 채널단과 업
무단이 어떻게 연동되는지를 배우며, 업무단에서 다루는 업무를 공부
하면서, 기회가 생겼을 때 업무단 프로젝트에 들어가서 일하면 됩
니다.

사람에 따라 선호하는 바가 달라서 스페셜리스트가 좋은지 제너럴
리스트가 좋은지 단정하기는 힘듭니다. 자신의 업무 스타일과 성향을
파악하고, 자신이 목표하는 바가 무엇인지 고민하여, 원하는 방향으로
열심히 나아가는 것이 좋을 듯합니다.

PART 4.

프리랜서

CHAPTER 01

프리랜서는 비정규직인가

직업에 대한 패러다임의 변화

안정적인 급여를 받을 수 있는 평생직장은 이제 사라져 가고 있으며, 상시 구조조정이 진행 중입니다. 회사가 평생직장으로서 직원에게 안정된 삶을 제공하던 시기는 역사적으로 대략 100년 정도이며, 이러한 시기는 이전에도 없었고 앞으로도 다시 오지 않는다고 합니다.

이제부터는 개인 스스로가 전문성과 가치를 만들어야 합니다. 나의 일자리를 찾아 능동적으로 움직여야 하고, 필요하면 직업을 만들어가야 합니다. 이러한 요구를 충족시킬 수 있는 방법 중에 하나가 프리랜서입니다. 프리랜서는 업무 경력과 전문성을 만들어, 자기의 계획과 목표에 따라 자신의 일을 개척하는 독립된 자유노동자입니다.

미국은 경제 인구 2억 명 중 40%가 프리랜서고, 앞으로 10년 뒤에는 프리랜서가 정규직 근로자 수를 넘어선다고 합니다. 유럽 역시 속도가 비슷하고, 일본도 프리랜서가 차지하는 비율이 늘어나고 있습니다. 일본은 취업률이 높고 일자리가 많은데도 불구하고 노동 인구 6분의 1이 프리랜서일 정도로 빠르게 늘고 있다고 합니다.

박성희 한국트렌드연구소 책임연구원은 다음과 같이 말합니다.

일과 직업에서 패러다임의 변화가 일어나고 있다.

① 지난 20세기 이후 현재까지 대다수의 개인은 조직에 소속된 상태에서 일을 했다. 조직과 일, 직업은 별개의 것이 아닌 동일체였다. 하지만 이제 조직과 일이 분리되고 있다. 조직에 속해 있지 않더라도 본인이 원하는 방식으로, 원하는 시간에, 원하는 사람들과 일하며 경제생활을 영위하는 방향으로 변화하는 것이다.

② 재능과 경험, 시간을 단 하나의 특정 조직이 아니라 여러 조직이나 프로젝트에 나누어 사용하고 그에 따른 대가를 받는 포트폴리오 워킹(Working) 트렌드다. 과거에는 자신의 재능, 경험 등을 포함한 일체의 노동력을 하나의 조직에 속하도록 해서 사실상 자신의 인생을 통째로 조직에 '바치는' 고용 형태였다. 그리고 주업과 부업, 중요한 일과 덜 중요한 일, 돈을 많이 버는 일과 용돈 벌이 일로 나눠졌다. 반면 지금의 흐름은 개인이 가진 재능, 경험, 노하우, 시간을 필요에 따라 쪼개 국내외 시장에 제공한다.

③ 일과 직업의 지향점 변화다. 그동안 성공과 생계를 위한 직업의 선택이었다면 이제 행복으로 방향 전환이다. 행복지수가 낮은 한국에서는 눈여겨볼 대목이다. 꼭 일이 생계를 위한 선택이 아니라 자아실현이 우선이 된다. 각자의 기호와 취향으로부터 시작된 취미가 일로 진화한다.[6]

---

6) 출처: 박성희, '[Consumer Insight] 인공지능은 일과 직업의 패러다임 시프트 촉발', 한국광고총연합회광고정보센터 매거진, 2016.05.31.(https://bit.ly/2EoPqgo).

프리랜서 개발자로 일하기

프리랜서 개발자란 회사에 직원으로 소속되지 않고, 자신이 직접 프로젝트를 구해서 일하는 개발자를 말합니다. 주도적으로 자신의 경력을 만들어 가는 사람들이죠. 회사에 취업해서 직원으로 일하는 것이 일반적이지만, 어느 하나의 근로 형태를 고집할 필요는 없습니다. 자신이 원하는 방식대로 직원으로 또는 프리랜서로 열심히 일하면 됩니다.

프리랜서가 개발 일을 하고자 한다면 크게 2가지 방법이 있는데요. 지인의 추천으로 프로젝트에 들어가거나, 인력 업체의 소개를 통해서 프로젝트에 들어가는 것입니다. 일반적으로 인력 업체의 소개로 프로젝트를 구합니다.

업체 소개로 프로젝트를 구하는 것에 대해서 좀 더 알아보겠습니다. 구직 사이트에서 자신이 희망하는 프로젝트를 검색합니다. 기업 분야를 키워드(예: 은행, 카드 등)로 해서 검색해도 됩니다. 검색 결과 중에 업체가 올려 놓은 프로젝트 구인 공고를 확인하여 이력서를 첨부하여 지원합니다. 차후 업체로부터 연락이 오면 프로젝트에 대해서 자세히 문의하고, 프로젝트를 진행하는 수행사와 인터뷰를 진행하면 됩니다.

프로젝트를 고객사에서 발주하면 IT 회사(수행사)가 프로젝트를 수주해서 개발을 진행합니다. 프로젝트에서 개발을 진행하는 인력을 보면 수행사의 인력도 있지만, 프리랜서 인력도 많습니다. 회사 소속 개발자와 프리랜서 개발자의 비율이 프로젝트마다 다르기는 하지만 5:5 정도 된다고 보면 됩니다. 프리랜서로 일한다고 하여 차별을 받거나 불이익을 당하지 않습니다. 신뢰할 수 있고 차별화되는 경험과 경력을 가지고 있다면 전문성을 인정받으면서 일할 수 있습니다.

프로젝트에서 개발을 진행하려면 개발 PC가 필요합니다. 얼마 전까지만 해도 프리랜서가 프로젝트에 들어갈 때는 자신이 사용할 노트북 PC를 들고 들어갔습니다만, 요즘은 고객사에서 프리랜서에게 개발용 PC를 제공합니다. 프리랜서는 주기적으로 노트북을 구입했었는데 이제 그러지 않아도 되니 편합니다.

프리랜서의 장점과 단점

프리랜서로 일하면 어떤 장점이 있을까요. 프리랜서는 자신이 원하는 프로젝트에서 일할 수 있습니다. 열정을 느끼고 창의성을 발휘할 수 있는 프로젝트를 선택할 수 있어요. 적성에 맞는 특정 업무만 선택해서 일할 수 있기에 경험과 경력을 쌓아 전문성을 인정받을 수 있습니다. 회사에 소속되어 있으면 위에서 지시하는 대로 움직여야 하지만, 프리랜서는 자신이 하기 싫은 분야의 일을 억지로 선택할 필요가 없습니다.

프로젝트에서 개발하는 것이 적성에 맞으면 개발 프로젝트에서 일하면 되고, 시스템 운영이 적성에 맞으면 운영 프로젝트에서 일하면 됩니다. 개발은 새로운 프로그램을 만드는 것이고, 운영은 만들어진 프로그램을 유지·보수하는 것입니다.

자신이 목표하는 바에 따라 한 분야의 스페셜리스트가 될 수도 있고, 제너럴리스트가 되어 채널만 개발하거나 업무만 개발하는 생활을 고집하지 않고 양쪽을 자유로이 넘나들어도 됩니다. 혹은 또 다른 분야에 도전하면서 자신의 능력을 시험할 수도 있어요.

보수 측면에서 보면, 회사 소속 직원과 단순 비교하기는 힘듭니다만, 프리랜서 자신이 노력한다면 회사 소속 직원으로 일하고 받는 급여 이상의 수입도 가능합니다.

프리랜서가 장점만 있다고 할 수는 없을 거예요. 직접 프로젝트를 찾으면서 일을 해야 하므로 상황에 따라 프로젝트를 구할 수 없어 일하지 못하고 대기하는 공백 기간이 생길 수도 있습니다. 회사에 소속되어 일하는 직원보다 안정성이 떨어질 수도 있지만, 평소에 인맥과 평판을 관리하면 개인의 역량에 따라 충분히 극복할 수 있습니다.

어딘가에 소속되어 있지 않기에 회사 동료들과의 유대감이나 소속감이 부족하다고 느낄 수 있습니다. 프로젝트에서 프리랜서는 한두 명이고, 그 외는 모두 수행사 소속 직원들이라면 인간관계 부분에서 불편하거나 어색할 수도 있죠. 수행사 내부 주제로 직원들이 이야기하면 듣고만 있거나 자리를 비켜 줄 수도 있습니다. 또한 수행사 본사에서 나온 팀장님이 격려차 주최한 회식에서 직원들의 단합된 모습을 보면 왠지 소외감도 느낄 수도 있어요.

하지만 이 부분은 상대적이라 프리랜서라고 하여 팀원들과 교류가 없는 것도 아니고, 프리랜서도 그 전에 수행했던 프로젝트의 구성원들과 주기적으로 만나고 인맥을 만들어 서로 도움을 주고받으므로 크게 문제가 되지는 않아요.

필자도 현재 프리랜서로 일하고 있습니다. 프리랜서로 일할 경우 1년에 얼마나 공백 기간을 가지게 되는지 알아볼게요. 개발 프로젝트의 기간은 단기(3개월 이내), 중기(6개월 전후), 장기(1년 이상)로 구분되고, 운영 프로젝트는 1년 단위로 진행됩니다.

개발 프로젝트를 진행하는 프리랜서의 경우, 단기·중기 프로젝트 위주로 참여한다면 1년 기준으로 일하지 못하고 쉬는 기간은 1개월 전후입니다. 프로젝트 종료 전에 다음 일할 곳을 충분히 알아보고, 지인의 도움을 받는다면 공백 기간을 보름 이내로 줄일 수도 있습니다. 프로젝트에서 성실히 일하고 전문성을 발휘하면, 업체 또는 수행사에서 '이 사람은 필요 인력이다'라고 생각하여 다음 프로젝트를 연결해 주므로 쉬는 기간은 더 짧아질 수도 있습니다. 여기서 업체란 프리랜서와 계약한 인력 업체를 말합니다.

운영 프로젝트를 진행하는 프리랜서의 경우, 운영 프로젝트는 1년 단위로 계약을 갱신하므로 장기간 일하는 프리랜서는 한곳에서 5년 이상 일을 합니다. 물론 개발자가 원할 경우, 그 이상 일할 수도 있습니다.

다음으로 발주되는 프로젝트에 대해서 알아볼게요. 정부 정책이나 시장 상황에서 따라 다를 수도 있지만, 일반적으로 개발 프로젝트에 대한 구인 공고는 연말과 연초에는 적은 편입니다. 그래서 개발자는 연말에 종료되는 프로젝트에 들어가는 것을 꺼려 합니다. 의도하지 않게 쉬게 되는 공백 기간을 피하기 위해서죠. 반면에 운영 프로젝트는 1년 계약이 많으므로 연말에 구인 공고가 많습니다.

프로젝트는 발주 금액이 크고, 프로젝트 기간이 길고, 투입되는 인력이 많을수록 중·대형 프로젝트에 해당합니다. 소규모 프로젝트도 장점이 있지만, 투입되는 인력이 적으므로 구성원에 대한 역할 분담이 제대로 안 될 수 있습니다. 개발자 혼자서 여러 가지 일을 처리할 수도 있어요. 다양한 일을 경험한다는 것은 이점이 될 수도 있지만, 짧은 기간 내에 자신의 개발 업무 외에 여러 당면 과제를 처리하는 것은 프로젝트 위험 요소로 작용할 수 있습니다.

프로젝트가 성공하기 위해서는 수행사의 프로젝트 수행 및 관리 능력이 중요합니다. 대부분의 수행사는 다양한 프로젝트를 진행하였기에 경험과 노하우를 겸비해서 프로젝트를 원활하게 수행하지만, 그렇지 않는 소수도 있어요. 수행사가 프로젝트 관리를 제대로 하지 못하면 개발자는 끊임없는 야근에 시달리고, 고생은 하는데도 불구하고 프로젝트의 진척은 느릴 수 있습니다. 요구 사항의 잦은 변경, 개발 방법론의 잘못된 선택, 아키텍처 미비, 일정 관리 능력 부족 등이 원인일 수 있습니다. 인프라 아키텍처는 시스템의 기반 구조를 의미하고, 소프트웨어 아키텍처는 시스템을 구성하는 컴포넌트의 구조를 의미합니다. 개발 방법론은 프로그램을 개발하기 위하여 어떤 표준화된 방법과 절차로 진행할 것인가를 다루는 것을 의미합니다.

기회가 되면 대형 수행사가 진행하는 대형 프로젝트에서 개발 경험을 쌓으세요. 자신의 업무 능력 향상과 경력 관리에 도움이 많이 됩니다. 대형 프로젝트에서는 전담팀에서 개발자 교육을 진행하기에 개발에 필요한 기술과 표준을 습득할 수 있고 적응 기간을 가질 수 있습니다. 대형 프로젝트에서 많은 팀들의 협업이 어떻게 이루어지는지, 업무 화면에서 하나의 요청을 처리하기 위해서 아키텍처 내에 존재하는 여러 솔루션과 여러 서비스가 어떻게 연동하는지 등을 경험할 수 있습니다.

다음으로 야근에 대해서 알아볼게요. 결론적으로 말하면 프로젝트마다 야근의 빈도가 다릅니다. 야근을 한 달에 1~2회 하는 곳도 있고, 일주일에 1~2회 하는 곳도 있습니다. 물론 거의 매일 하는 곳도 있죠. 일이 많을 경우 토요일에도 출근할 수도 있지만 그런 경우는 아주 드물어요.

프리랜서는 프로젝트에 들어가기 전에 지인을 또는 인터뷰를 통해서 프로젝트의 상황은 어떤지, 야근의 빈도는 얼마나 되는지 알아보고 자신에게 맞는 곳을 선택해서 일을 합니다. 회사 소속 직원은 일이 없어도 어쩔 수 없이 야근을 해야 하는 경우가 많지만, 프리랜서는 상대적으로 자유로운 편입니다. 자신이 맡은 일을 완료하면 바로 퇴근하는 경우도 있고, 어느 정도는 프로젝트 분위기에 맞추어 퇴근 시간을 조절하는 경우도 있습니다. 필자가 볼 때, 일주일에 1회 정도의 업무상 필요한 야근은 합리적으로 따져봤을 때 수용할 수 있지 않을까 생각합니다.

2016년 3월 매킨지 조사 결과, 습관성 야근을 하는 근로자의 생산성은 45%로, 다른 근로자들의 생산성 58%보다 낮다고 합니다. 잦은 야근을 하면서 일하는 것보다, 야근을 줄이고 근무 시간에 집중해서 일하는 것이 생산성 향상에 기여한다고 생각해요. 개발 작업이 단순 노동이 아니라 창조적이고 논리적인 사고가 바탕이 되어야 하므로 피곤에 찌들고 뇌를 혹사시킨다고 해서 좋은 결과물이 나오지는 않아요.

모든 개발 프로젝트가 힘든 것은 아니므로, 삶의 균형을 유지할 수 있는 개발 프로젝트를 선택해서 일합시다. 개발 현장에서도 개발 생산성과 프로젝트 결과물의 수준을 높이는 방법이 무엇인지 고민하고, 프로젝트 관리 방법을 연구하며, 프로그램 개발이 단순 육체 노동이 아니라 창조적인 지식 노동이라는 인식이 확산되고 있으므로, 과거의 방식대로 야근만 강요하는 프로젝트는 줄어들고 있어요. 따라서 근무 시간에는 차별화되는 전문성과 능력을 발휘하면서 열심히 일하고, 퇴근 후에는 가족과 건강을 위해 충분한 휴식을 취하도록 해요.

다음으로 얼마나 오랫동안 프리랜서 개발자로 일할 수 있을지 알아보죠. 생각하는 바와 같이 어떻게 경력 관리를 하고, 어떤 전문성을 가지고 있는지에 따라 다릅니다. 앞에서 알아보았듯이 기술 중심 개발자보다는 업무 중심 개발자의 수명이 더 길다고 할 수 있어요. 기술 중심 개발자라 하더라도 아키텍트 역량을 가진 개발자는 좋은 대우를 받으면서 오랜 기간 동안 일할 수 있습니다.

현실적으로 40대 후반을 넘어가면, 새로운 기술과 개발 방법을 습득하는 과정이 젊은 개발자에 비해서 어려울 수 있습니다. 코딩 자체만 놓고 볼 때는 경력이 많고 경륜이 있는 개발자보다 초·중급 개발자가 더 잘하기도 하고요.

모든 개발자에게 일률적으로 적용할 수는 없지만, 나이가 들어감에 따라 인문학, 사회과학에 대한 지식과 사고력에 익숙해지고 더 많은 관심을 가지게 됩니다. 이것은 개발자의 업무 지식과 경험에 깊이를 더합니다. 상대적으로 기술 습득보다는 업무 역량을 높이는 데 많은 시간이 필요하기에 기술보다는 업무에 우위를 두는 업무 중심 개발자에게는 긍정적인 변화 흐름입니다.

운영 프로젝트에서 업무 개발자로 일하는 분의 나이를 보면 50대 중반을 넘어서는 경우도 자주 있으며, 60대도 가끔 볼 수 있습니다. 금융 분야에서는 업무에 대한 진입 장벽이 있고, 업무에 대한 경험과 전문성을 타 산업 분야보다 더 중요시하는 경향이 있어서 그렇습니다. 나이보다 개발자가 가지고 있는 업무 역량을 더 중요시하는 거예요.

40대에 접어들면서 느끼는 불안은 IT 개발자에 국한되는 것이 아니라, 40대 직장인의 공통된 고민이라고 할 수 있습니다. 상시 구조조정이라는 환경 속에 처해 있기에 대기업에 근무한다고 하여 예외인 것은 아니에요. 어느 조건과 위치에 있더라도 개인 스스로 노력하고 대비하는 방법밖에는 없어요.

'40대 초중반이면 개발자 일을 그만두고 치킨집 사장이 된다'는 말을 우스갯소리처럼 하지만, 긍정적인 의미에서 현실은 그렇지 않을 수 있습니다. 자신의 노력에 따라 개발자 수명을 늘릴 수 있으며, 개발자 생활을 하면서 틈틈이 준비한다면 '인생 이모작'도 가능하고 창업을 할 수도 있습니다. 창업이라고 하면 상당한 자본이 있어야만 가능하다고 생각하지만, 지식 기반이라면 그렇지 않습니다. 이를 통하여 개발 일을 계속 이어나갈 수 있고, IT와 직·간접으로 연관된 다른 무엇인가에 도전할 수도 있어요. '오늘과 내일을 위해 어떤 목표를 가지고 어떻게 생활하고 있는가'에 따라 우리에게 다가오는 미래의 모습은 달라집니다.

앞으로 개발자로서의 삶에 처음 도전하려는 사람은 바로 프리랜서로서 시작하기보다는 회사 직원으로 들어가서 실력과 경험을 먼저 쌓는 것이 좋습니다. 그 후 '이제 준비가 되었으니 독립해도 되겠다'는 생각이 들 때 프리랜서로서 일하면 됩니다.

수행사에서 프리랜서를 채용하는 이유는 개발자의 업무 경험과 개발 역량을 실무에서 바로 사용하기 위해서입니다. 그런데 하고자 하는 열정은 차고 넘치지만 경험이 부족한 신입이 프리랜서라는 명함을 달고, 프로젝트를 수행하면서 겪게 되는 다양한 문제를 빠른 시간 내에 해결해 나가기는 어려울 수 있을 거예요. 그래서 직원으로 일하면서 충분한 내공을 쌓는 것이 필요합니다.

직원으로 일하든 프리랜서로 일하든 절대적 우위는 없습니다. 프리랜서로 일하겠다고 결정하였다면 자신의 노력과 관리 정도에 따라 미래의 결과는 달라지므로 최선을 다하면 그에 맞는 결실을 얻을 수 있습니다.

CHAPTER 02

개발자 등급

개발자 등급 산정

개발자 등급은 초급 기술자, 중급 기술자, 고급 기술자, 특급 기술자로 구분됩니다. 인력 업체마다 등급에 대한 기준이 다를 수 있지만, 일반적으로 중급(경력 4년 이상), 고급(경력 7년 이상), 특급(경력 10년 이상)으로 산정한다고 보면 됩니다.

실무에서 진행되는 프로젝트는 개발 프로젝트와 운영 프로젝트로 구분되며 개발 프로젝트는 초급, 중급, 고급 개발자를 모두 채용하지만, 운영 프로젝트는 초급, 중급 개발자 중심으로 채용하고 고급 개발자는 거의 채용하지 않습니다. 근무 시간과 일의 강도가 운영에 비해 개발이 더 심하다고 판단해서 그런 것 같습니다.

프로젝트에서는 특수한 경우를 제외하고 특급 인력은 거의 채용하지 않습니다. 드물지만 특정 업무에 대한 인력을 구할 수 없거나, 프로젝트 상황이 심히 좋지 않거나, 업무 또는 기술에 대한 실력이 타의 추종을 불허할 정도라면 특급 인력을 채용하기도 합니다. 그래서 프로젝트 현장에서는 15년 이상 경력의 개발자와 7년 이상의 개발자가 동일하게 고급으로 대우받습니다. 개발자의 경력과 경험을 제대로 인정받지 못하는 현실이 안타깝고, 가능하면 개선되었으면 하는 바람입니다.

학위가 필요한가

학위도 등급 산정에 영향을 줍니다. 위에서 산정한 기준은 대졸 기준이며, 고등학교 졸업, 전문대학교 졸업, 대학교 졸업에 따라 위에서 산정한 경력 연수가 달라집니다. 학위가 필수 조건은 아니지만, 학사 학위가 있다면 등급 산정에 유리한 것이 현실입니다. 하지만 강조하고 싶은 점은 프로그램 개발에서 가장 중요한 핵심은 개발자의 자질과 노력이라는 점입니다. 업무 능력, 개발 능력, 문제 해결 능력을 가지기 위해 끈기를 가지고 성실히 노력한다면, 학력이 부족하더라도 반드시 성공할 수 있습니다.

CHAPTER 03

경력 관리

전문 분야 선택

금융, 통신, 유통, 제조 등 자신에게 맞는 어느 한 분야를 선택하고, 집중적으로 프로젝트를 수행하여 경력을 만들어 나가는 것이 필요합니다. 업무의 난이도, 진입 장벽을 고려하여 업무를 신중히 선택하도록 합니다. 금융 업무가 선택할 수 있는 하나의 예가 될 수 있습니다. 금융 업무는 금전을 다루고, 대량의 거래가 이루어지며, 안정성을 중시하므로 타 업무보다 검증된 인력과 경험 많은 인력을 더욱 선호하며, 업무 경험이 없으면 프로젝트에 들어가기가 힘들기 때문입니다. 하나의 업무에 대해서 장기간 프로젝트를 수행하고 스스로 공부한다면, 그 업무에 대한 전문가로 평가받을 수 있습니다.

예술가는 그림이나 악기를 통한 예술 활동을 높은 경지로 끌어올리기 위해 피 나는 반복 과정이 필요하고, 개발자는 기술력을 높이기 위해 설계, 개발, 테스트라는 반복 과정이 필요한 것처럼, 업무 전문성을 높이기 위해서도 지루한 반복 과정이 필요합니다. 프로젝트에서 수행하는 업무 분석 및 협업 이외에 개인적으로 행하는 독서를 통한 업무 공부, 온라인 강의 수강, 자격증 취득 등이 업무 전문성 강화를 위한 방법이 될 수 있습니다.

회사에 소속되어 있을 경우 자신이 원하는 산업 분야와 업무를 선택해서 경력을 만들어 나가는 것이 힘들 수 있지만, 프리랜서로 일할 경우 가능할 수 있습니다. 주도적으로 자신의 경력을 만들어 갈 수 있는 것이 프리랜서의 장점이기 때문입니다. 하지만 직원으로 일하든 프리랜서로 일하든 어느 하나의 형태를 고집할 필요는 없습니다. 무엇이든 장단점을 가지고 있으니까요. 자신의 상황에 맞게 최선을 다하면 그에 맞게 경력은 만들어지고 기회는 옵니다.

아는 바와 같이 실무에서 진행되는 프로젝트는 개발 프로젝트와 운영 프로젝트로 구분됩니다. 하나의 업무에 대해서 여러 개발 프로젝트를 번갈아 가면서 수행해도 전문적인 업무 경험과 경력을 쌓을 수 있지만, 개발 프로젝트 수행 완료 후 고객사에서 자신이 개발한 업무에 대해서 운영을 이어서 할 수 있다면, 개발에서 접하지 못한 다양한 경우를 경험하고 해결하면서 프로그램을 고도화할 수 있으므로 좀 더 효과적으로 업무 능력의 깊이를 더할 수 있습니다. 또한 자신이 속해 있는 고객사로부터 필요한 인력으로 여겨질 수 있을 것입니다.

자신의 적성과 목표하는 바에 따라 기술 분야 중심으로 경력을 쌓아 나가도 됩니다. 아키텍트는 높은 기술력과 전문성을 요하며, 프로젝트 현장에서도 아키텍트로 불릴 만큼의 역량을 가진 사람을 구하기가 쉽지 않다고 합니다.

아키텍트는 다양한 환경에서도 시스템이 문제없이 돌아가도록 시스템 기반 구조를 잘 설계해야 합니다. 이를 위해 다양한 기술과 트렌드에 대하여 관심을 가지고 지속적으로 공부해야 합니다. 또한 기술의 장단점을 파악하여 시스템의 성능과 안정성의 균형을 맞추는 노하우를 축적하고, 개발과 유지·보수의 효율을 위한 효과적인 소프트웨어 설계에 대해서 고민해야 합니다. 따라서 '최적의 업무 구현을 위해 최고의 기술을 지원하겠다'는 목표를 설정하고 도전해야 해요.

한 가지 더 생각해야 할 사항은 아키텍트는 무엇보다 기술력이 전제가 되어야 하지만, 산업 분야에 대한 업무 지식도 갖추는 것이 필요하다는 점입니다. 고객이 요구하는 시스템을 잘 만들기 위해서는 고객이 다루는 업무를 이해하는 것이 필요하기 때문이죠. 기술만 아는 아키텍트보다는 기술과 더불어 고객의 업무까지 이해하는 아키텍트의 존재 가치가 더 높을 거예요.

팔방미인

Part 3에서 알아보았던 제너럴리스트의 역량을 키우는 길을 선택할 수 있습니다. 자신이 처해 있는 상황에 따라 어느 한 업무에 집중하지 못할 수 있으므로 요령껏 경력의 범위와 깊이를 조정하는 것입니다.

여러 산업을 넘나들면서 프로젝트를 수행하고 있다면, 어느 하나의 산업 중심으로 경력을 만들도록 프로젝트를 조정합니다. 다방면으로 경험을 쌓는 것은 좋지만 금융, 통신, 유통, 제조, 공공 등 여러 산업 분야를 조금씩 하는 것보다는 한 분야 내에서 다양한 업무를 경험하는 것이 효과적입니다. 그래야 업무 간의 유기적인 연결과 통합의 기회를 얻을 수 있습니다. 업무와 기술을 함께 다루고 있다면, 업무 프로젝트와 기술 프로젝트의 비중에 대해서도 적절히 조율합니다.

자신이 좋아하고 애용하는 기술이 있는 것은 좋습니다. 하지만 한

가지 기술에 집착하는 것은 좋지 않습니다. 모든 기술은 도입, 성장, 성숙, 쇠퇴의 생명 주기를 가집니다. 지금 전 세계적으로 인기 있는 Java도 마찬가지로 언젠가 쇠퇴의 길로 접어들 것입니다. Python, JavaScript, C 또는 그 어떤 기술도 예외는 없습니다. 그러므로 시대적 흐름에 따라 변화하는 업무와 비즈니스의 요구 사항을 구현할 수 있어야 기술도 존재 가치가 있는 것이므로, 현장에서 요구하는 다양한 기술에 관심을 가져야 하겠습니다.

제너럴리스트는 두 가지 이상의 영역에 지식과 경험을 가지고 있으므로 각각의 영역에서 전문성을 인정받을 수 있습니다. 물론 각 영역에서 전문성을 인정받기 위해서는 하나의 영역에서 일정 수준 이상의 실력과 경험을 갖추도록 스스로 열심히 노력해야 합니다. 하나의 분야만 집중하는 것보다 몇 배로 힘들 수 있기에 인내를 가져야 합니다.

"세상이 변하면 시대가 요구하는 인재상도 당연히 변한다. 이종 격투기 선수들은 다음 게임에서 맞붙을 상대가 어떤 종목 출신 선수인지 알 수 없다. 따라서 누구와 싸우더라도 이길 수 있도록 자신을 혹독하게 단련한다. 자신의 주특기뿐만 아니라 다른 종목 출신 선수들의 주무기를 분석하고 대비하는 노력이 없으면 이종 격투기 무대에 설 수 없다. 마찬가지로 하루하루 피 말리는 경쟁에 내몰리는 시대에 살고 있는 우리들 역시 과거의 규칙이 무력화된 극단적인 상황에서도 성과를 창출하는 이종격투기형 인재일수밖에 없을 것이다."

– 김현기, 『선택과 집중의 기술』 중

제너럴리스트는 여러 분야를 진행할 수 있는 능력이 있으므로 특정 업무에 대한 프로젝트가 없어 일하지 못하는 위험에서 자유로우며, 여러 분야의 프로젝트를 수행했기에 시스템 전체를 볼 수 있는 안목을 가지고 있어 프로젝트에서 중재자 역할 또는 리더 역할을 수행할 기본기를 가질 수 있습니다.

경력 관리를 위한 프로젝트 생활의 지혜

1) 떠날 때 마무리를 잘하자

프로젝트 관리가 제대로 안 되고, 함께 일하는 팀원이 마음에 들지 않는 경우가 간혹 있습니다. 개발자는 문제가 첩첩이 쌓여 있는 현재 상황에서 가능한 빨리 벗어나고 싶은 생각뿐일 거예요. 심정은 백번 이해하지만, 프로젝트 관리자가 수용할 수 있는 정도로 깔끔하게 마무리를 하고 나와야 합니다.

프로젝트의 문제점과 자신이 당하고 있는 불이익에 대해서 감정 표출을 자제해야 하는데, 그러지 못하고 서로 얼굴을 붉히고 자신이 담당한 업무에 대해서 마무리를 제대로 하지 못하고 나온다면, 미래의 결정적인 순간에 안 좋은 평판이 악재로 작용할 수 있습니다. 평판 조회에서 평가가 좋지 않으면 프로젝트에서 일하기 힘들 수 있는 것이죠.

따라서 감정은 절제하고 긍정적인 태도를 유지해야 합니다. 남아 있는 팀원을 위하여 마무리와 인수인계는 제대로 해야 해요. 이것은 미래에 더 많은 기회로 돌아오고, 철수한 프로젝트의 고객사 및 수행사와 다음에 다시 일할 수 있는 밑거름이 됩니다.

2) 적을 만들지 말자

개발해야 할 프로그램은 많이 남아 있고, 테스트에서 나온 결함은 쌓여 가고, 고객의 요건은 변경되고, 진척률이 낮다고 재촉을 받는 상황이 반복되면서 개발자는 많은 스트레스를 받습니다. '어렵고 힘든 프로젝트도 나의 경력에 도움이 된다'는 생각에 견디고 있지만 예기치 않은 상황에서 순간적인 화를 다스리지 못하면, 의도하지 않았음에도 불구하고 상대방과 감정의 골이 깊어질 수 있습니다.

'나에게 주어진 일만 열심히 하면 된다'는 생각에 기분 나쁜 상황을 잊고 일에 매진하지만, 누군가 나에게 적의를 가지고 있다면 어느 순간 내가 위태로워지는 상황에 처할 수도 있어요. 사람은 다른 이를 잘 되게 하기는 힘들어도, 못 되게 하기는 쉽습니다.

현장에서 'IT 바닥은 좁다'는 말을 자주 들을 수 있습니다. 신규 프로젝트에 들어가면, 낯익은 얼굴을 자주 봐요. 그러므로 프로젝트에서 고객, 관리자, 팀 동료와 좋은 관계를 유지해야 합니다. 프로젝트에서 팀 동료나 다른 팀의 개발자와 논쟁을 할 수 있지만, 대화 예절은 지키고 상대의 인격을 존중해야 합니다. 상대방의 말에 귀 기울이고 소통하는 습관을 가져야 해요. 실력도 중요하지만 그 사람의 인격도 경력에 중요한 역할을 합니다. 한순간의 실수로 내가 만들어온 경력에 오점을 남기지 말도록 합시다.

3) 인적 네트워크를 만들자

프로젝트를 구할 때 지인의 도움을 받는 경우가 많습니다. 지인의 추천으로 구인 공고에는 나와 있지 않은 프로젝트에서 일하는 경우도 자주 있어요.

인맥을 만들어야 하는데, 인간관계를 형성하기가 말처럼 쉽지 않습니다. 하지만 생판 모르는 사람에게 접근해서 아무 말이나 건넬 필요는 없습니다. 프로젝트를 수행하면 팀원뿐만 아니라 다른 팀과 연계 작업을 하면서 여러 개발자를 만나게 됩니다. 이때 적극적으로 협업하고, 상대방의 관점에서 문제를 해결하려고 노력하며, 가식적인 친절보다는 진정성을 가지고 솔직하게 자신의 모습을 보여 주면 됩니다.

상대방이 나에게 호감을 가져 주기를 바란다면, 내가 먼저 그에게 관심을 보여 줘야 해요. 점심식사를 함께 하고, 휴식 시간에 차를 함께 하며, 머리를 식힐 겸 산책을 함께 하기만 해도 관계를 돈독하게 할 수 있어요.

다양한 분야에서 다양한 생각을 가지고 있는 사람들과 인적 네트워크를 형성하여 새로운 일을 구할 때 도움을 받거나 경력 관리에 조언을 들을 수 있도록 해요. 물론 관계는 서로 도움을 주고받고, 주기적으로 접촉해야 유지됩니다. 내가 도와줄 수 있는 상황이 생기면, 성의를 다해 도와주어야 하겠어요.

4) 남들이 꺼려 하는 일을 하자

개발자는 여러 팀과 협의를 해야 하는 일, 해 보지 않은 일, 어려운 업무, 리더 역할 등을 맡기를 원하지 않습니다. 인지상정이라 충분히 수긍이 갑니다.

남들이 꺼려 하는 일을 하면 피곤하고 힘들고 머리도 아프고 나만 손해 본다고 생각할 수 있지만 이는 나의 실력과 역량, 경험치를 높일 수 있는 기회입니다. 또한 내가 인정받고 나의 가치를 입증할 수 있는 계기로 작용합니다.

어려운 업무는 '핵심 업무'이거나 '중요한 업무와 연관되는 경우'가 많습니다. 남들과 차별화되는 역량을 갖추기 위해서 막상 이런 일을 구하려고 해도 업무 경험이 없으면 들어가기 어렵습니다. 그런데도 나에게 찾아온 이런 소중한 기회를 알아보는 사람은 적습니다. 대부분 편하게 일하는 데 만족감을 느끼죠.

각 산업 분야마다 고유 업무와 핵심 업무가 있고, 이런 업무에 대한 전문적인 역량을 갖춘다면 다른 개발자와는 다른 길을 걸을 수 있습니다. 업무 전문가가 되어 한곳에서 오랫동안 일할 수 있고, 기회가 있고 자신이 원한다면 고객사에 직원으로 채용될 수도 있으며, 고객사의 현업은 바뀌더라도 개발자는 운영자이면서 컨설턴트 역할로 계속 근무할 수 있습니다. 대다수가 부러워하지만 진입장벽이 있어, 해당 영역으로 들어가기가 쉽지 않은 것이 현실입니다.

경기도 좋고, 일도 많은 시기에는 남들처럼 해도 살아갈 수 있기에, '뭐 하러 사서 고생을 하는가'라고 생각할 수 있습니다. 하지만 알다시피 늘 좋은 시절만 있는 것은 아닙니다. 어려운 시기가 찾아오면 나의 이런 노력들이 기회가 되어 돌아옵니다.

CHAPTER 04

마케팅

나를 마케팅한다

개발자는 시스템 분석·설계·개발을 위한 능력과 전문성을 제공합니다. 제공한다는 말은 엄밀히 말하면 'IT 서비스를 판다'고 해석할 수 있습니다. 공백이나 중단 없이 원활하게 나의 IT 서비스를 판매하기 위해서는 어떻게 해야 할까요. 나의 가치를 높여야 합니다. 고객이나 수행사, 동료가 나를 신뢰하고 나의 능력을 높이 평가하며 나와 함께 일하고 싶어 할 때 나의 가치는 올라갑니다.

마케팅이라고 해서 어렵게 생각할 필요가 없습니다. 평소에 행동이 아닌 말로만 '나는 전문가다'라고 떠들고 다니는 것이 마케팅이 아니라, 일상적인 프로젝트 수행 능력이 곧 마케팅과 연결됩니다. 업무에 대한 전문적인 지식, 분석·설계·개발 능력, 협업 능력, 생활 태도 등 매일 반복적으로 나타나는 긍정적인 모습이 마케팅이라고 할 수 있습니다. 중요한 것은 하루를 수동적으로 보내는 것이 아니라, 자신을 적극적으로 알리고 성공적인 경력을 만들어 나가는 모습입니다.

나에 대해서 구체적으로 어떻게 알려야 할까요. 단순히 어떤 기술을 알고 사용할 수 있다고 말하는 것보다, 고객의 업무를 구현하기 위하여 어떤 '서비스'를 제공할 수 있는지 설명합니다. 예를 들어, '나는 업무에 대한 전문성을 가지고 있으므로 업무 분석·설계에 소요되는 시간을 다른 개발자보다 많이 줄일 수 있다. 고로, 프로젝트 비용 절감 효과가 크다'는 것을 부각할 수 있습니다.

분석·설계가 미흡하면 개발 진척이 느리고, 프로젝트 일정이 지연될수록 비용이 증가합니다. 일정 지연을 만회하기 위해서 생산성을 높여야 하는데, 생산성을 높이기 위해 개발 인력을 더 투입한다고 하더라도 '한계 생산성' 정도가 미미하다는 것을 수행사는 경험으로 알고 있습니다. 한계 생산성이란 개발자 1명이 추가됨으로써 늘어나는 생산성을 말합니다. 그만큼 분석·설계를 제대로 해야만 개발도 무리 없이 진행되고 결과물도 좋은 것이죠. 그러므로 '업무 전문성으로 인해 프로젝트 비용을 줄일 수 있다'고 말하는 것은 충분히 나의 가치를 알리는 효과가 있습니다.

참고로 분석·설계 단계가 지나면 개발 단계가 시작되고, 업무 구현을 위한 개발자를 본격적으로 채용합니다. 동종 업계에서 기술 경력을 쌓은 개발자는 상대적으로 많습니다. 아키텍트 수준의 높은 기술력을 가진 개발자가 아니라면, 개발 단계에 지원한 개발자가 가지고 있는 기술의 차별성에 대해 높은 점수를 주지는 않아요. 일반적으로 인건비에서 비용을 최대한 줄이려고 하므로 분석·설계 단계에서는 고급 개발자를 채용하지만, 개발 단계에서는 중급 및 초급 개발자를 선호하는 것이 현실입니다. 개발자 등급에 대해서는 CHAPTER. 02에서 알아보았습니다.

마케팅 관점에서 제너럴리스트에 대해서 알아볼게요. 제너럴리스트로서 다양한 분야에 대한 경험과 지식을 가지고 있다는 것은 분명한 장점입니다. 그런데 제너럴리스트로서 역량을 제대로 발휘하기 위해서는 한 가지 중요한 점이 있습니다. 한 분야에서 일정 수준 이상의 전문성을 갖추었을 때만 다른 분야로 이동한다는 점을 강조해야 하고, 실제로도 그렇게 해야 합니다. 한 분야에서 제대로 된 실무 경험을 쌓지 않고 수시로 이동한다는 것은 제대로 아는 것이 하나도 없는 것으로 상대방이 받아들일 수 있기 때문입니다. 따라서 한 분야에서 스페셜리스트로 시작해서, 여러 분야로 전문성을 넓혀 제너럴리스트로서의 역량을 높여 나가는 전략이 필요합니다.

특출한 전문성을 가진 인력이 필요한 영역과 단계가 있지만, 저성장 시대, 비용 절감, 프로젝트 공급 부족 등 좋지 않은 경기 상황에서는 제너럴리스트의 운신의 폭이 넓습니다. 프로젝트 관리자는 다양한 경험을 가지고 있고 적응력이 높은 개발자를 선호합니다. 다재다능한 팔방미인형 인재의 수요에 대응해서 다양한 분야에서 전문성을 높여 위기를 기회로 만들도록 노력합시다.

앞에서 프리랜서가 개발 일을 구하기 위해서는 지인의 추천이나, 인력 업체의 소개가 필요하다고 하였습니다. 하나의 프로젝트를 수행하면 팀원들과 인간관계를 형성할 수 있고, 인력 업체와도 친분을 만들 수 있습니다. 그렇다면 프로젝트를 수행하는 방법 이외에 좀 더 적극적으로 외부에 자신을 알리는 방법에는 무엇이 있을까요? 블로그, 책 쓰기, 강의 등이 있습니다. 관련해서는 Part 6의 'CHAPTER 03. 지식과 경험을 함께 나누기'에서 자세히 알아보겠습니다.

나의 성과를 알린다

개발을 잘하더라도 자신의 성과를 드러낼 필요가 있습니다. 매일 '일일 업무 보고'를 작성하고, 그것을 토대로 '주간 업무 보고'를 작성합니다. 프로젝트에 따라 개발자들이 프로젝트 리더에게 주간 보고를 의무적으로 하는 곳이 있고, 그렇지 않는 곳이 있습니다. 중요한 것은 보고를 하든 안 하든, 개인적으로 하루의 성과와 주간의 성과를 작성하는 거예요. 그리고 작성한 문서를 리더에게 메일 등의 형식으로 보고하면 됩니다. 이를 통해 관리자는 일 잘하는 개발자, 신뢰할 수 있는 개발자로 인식하고 좋은 평가를 하게 됩니다.

업무 보고 내용은 거창할 필요가 없습니다. 관리자가 알고 싶은 내용을 적으면 돼요. 개발 진행 상황(개발 일정, 개발 진척률, 개발 완료 여부 등), 의견 또는 이슈 사항 등을 포함하면 되며, 양식이 정해져 있다면 해당 양식을 준용하면 됩니다.

실제 작성하는 데 걸리는 시간이 짧더라도 업무 보고하는 과정은 귀찮습니다. '주어진 개발만 잘하면 되지, 업무 보고까지 해야 하나'라고 생각할 수 있지만, 업무 보고를 하는 습관을 가진다면 열심히 일하고도 제대로 인정받지 못하는 경우를 피할 수 있어요.

업무 보고는 성공적인 프로젝트 관리를 위해서도 필요합니다. 관리자는 보고받은 내용을 통해 프로젝트 진행 상황을 알 수 있고, 어떤 문제를 해결해야 되는지 파악할 수 있으며, 이를 토대로 필요한 의사결정을 내릴 수 있습니다.

주도적으로 일한다

일의 주목적이 생계임을 부인할 수는 없지만, 자신을 위해서, 나의 성장을 위해서 일한다는 생각으로 임한다면, 수동적이 아닌 주도적으로 일할 수 있습니다. 즉, 나의 경험과 전문성을 키우고, 나의 가치를 높이기 위해 일한다면, 남이 시켜서가 아니라 나의 의지대로 행동할 수 있습니다.

주도적으로 일하면 몰입할 수 있고, 개발하면서 맞닥뜨리는 문제에 창의성 있게 접근할 수 있으며, 좋은 아이디어를 도출할 수 있습니다. 문제를 해결하기 위해서 누구와 협의해야 하는지, 어떤 지원·기능이 필요한지, 어떤 대안을 적용해야 제한적인 시스템 환경에서 효과적으로 구현 가능한지 하나씩 풀어 나가다 보면, 한 달 넘게 소요되는 문제를 일주일 정도면 처리할 수 있습니다.

이와 반대로 문제가 공론화되기까지 기다리고, '내 일이 아니다'라고 느끼는 관련 당사자들의 메일이 수차례 오고 가고, 문제 해결 진행 과정은 거북이 걸음이고, 어렵사리 도출된 해결책이 효과적이지 못하여 프로그램 구현 시 여러 시행착오를 거치다 보면 한 달 넘게 시간이 흘러가는 것이죠.

업무 회의에 참여했을 때도 '시키는 일을 열심히 하겠다'는 소극적인 자세로 임할 것이 아니라, 회의의 안건과 목적을 파악하여 사전에 필요한 준비를 하고, 문제 해결을 위해 적극적으로 자신의 의견을 개진하고 회의를 주도하는 모습이 필요합니다.

드문 경우이지만, 여러 팀과 함께하는 회의에 참여하였는데, 진행되는 회의 내용이 자신의 담당 업무와 무관한 경우가 있습니다. 이런 경우에는 '시간도 없는데 나와 상관없는 회의에 왜 불렀을까'라며 속으로 짜증을 내면서 조용히 자리만 지키다가 나올 수도 있고, 회의 내용을 주의 깊게 듣다가 자신의 경험을 바탕으로 문제 해결에 도움이 되는 발언을 하여 원활한 의사결정에 기여할 수도 있습니다.

나와는 상관없는 회의라고 하더라도 적극적으로 참여하는 모습을 보이면, 회의 참석자들에게 '이 사람은 다방면으로 전문적인 식견을 가지고 있다'는 인상을 줄 수 있어요. 나를 알리는 기회로 작용하는 것이죠.

평판 관리

온라인 취업 포털 회사에서 직장인 평판 관리에 대해서 조사하였는데, 결과는 다음과 같았습니다. 가장 신경 써서 관리하는 평판은 '인간성'(34.4%)이었고, 뒤이어 '업무 능력'(21.7%), '조직 융화력'(16.5%), '근태 관리'(7.5%), '커뮤니케이션 능력'(5.9%), '도덕성'(4%), '대외관계'(3.8%), '업무 스타일'(2.7%), '사생활'(1.3%) 등의 순이었습니다.

프로젝트를 성공적으로 수행하여, '이 사람은 전문성이 있고, 일을 잘한다'고 고객이나 수행사로부터 좋은 평가를 받으면 평판이 좋아집니다. 평판이 좋으면 자신을 소개해 준 인력 업체와 지속적으로 연결되고, 프로젝트를 구하기 쉬워집니다.

고객사는 프로젝트를 일회성으로 하는 것이 아니라 그다음에도 지속적으로 프로젝트를 발주합니다. 고객은 이전 프로젝트에서 열심히 일하고 자신의 마음에 들었던 개발자를 기억하므로, 앞으로 진행할 프로젝트의 수행사에게 '그 개발자는 꼭 필요한 인력이므로 이번 프로젝트에도 함께해야 한다'고 말합니다. 그러면 해당 개발자는 인력업체를 통해서 연락을 받게 되고 어려움 없이 프로젝트에 들어올 수 있습니다. 전문성과 능력을 인정받았기에 보수 또한 다른 개발자보다 높게 받아요.

타 산업 분야에서도 경험 많은 인력을 중요시하지만, 앞에서 이야기했듯이 금융권 프로젝트에서는 검증된 인력, 경험 많은 인력을 더욱 선호합니다. 금전을 다루고, 대량의 거래가 발생하며, 업무의 난이도가 높기 때문이에요.

개발자가 프로젝트에 지원하기 위하여 이력서를 보내면, 프로젝트 관리자는 이력서에 나와 있는 프로젝트에서 지원자가 어떤 역할을 담당하였는지, 근무 태도는 어땠는지 인맥을 통해서 검증 작업을 거칩니다. 만약 검증 결과가 좋지 않으면, 프로젝트 구성원으로 채용할 확률이 낮습니다.

수행사에 소속된 프로젝트 관리자는 책임감 있고 성실하게 일하는 개발자를 높이 평가하고, 가능하면 지속적으로 함께 일하기를 원하므로 수행사가 진행하는 다른 프로젝트의 관리자에게 해당 개발자를 추천합니다. 프로젝트 관리자는 인력 관리에 대한 권한을 가지고 있으므로 추천받은 인력을 우선적으로 채용합니다. 반대로 '매일 조금씩 지각하므로 근태가 좋지 않다', '전문성이 부족하다', '책임감이 없어, 맡은 일을 끝까지 완수하지 못한다', '팀원들과 마찰이 잦다'와 같이 좋지 않은 평가를 받으면, 그 프로젝트의 수행사 또는 고객사와 다음 프로젝트에서 함께 일할 확률이 적어집니다. 전문성과 능력이 평가에서 우선이 되지만, 비슷한 조건을 갖고 있다면 모나지 않고 협업을 잘하는 개발자를 선호하는 것이 현실입니다.

평판을 쌓는 데는 오랜 시간이 걸리지만, 평판에 오점이 남는 것은 한순간입니다. 프로젝트에 난제가 많고, 관리가 안 되며, 상황이 심각하더라도, 근무하면서 팀원들과 얼굴 붉히는 상황을 만들지 말아야 합니다. 상대방을 존중하는 마음이 필요해요. 불가피하게 중간에 철수하는 상황이 발생하더라도 신경 써서 일을 깔끔하게 마무리하도록 노력해야 합니다.

의도하지 않았는데 나의 생각과는 다른 평판이 만들어지고, 이로 인해 미래의 기회에 악영향을 주고, 개발자의 생명을 단축시킨다면 억울하기도 하고 어떻게 바로 잡을지 막막할 것이에요. IT 시장이 많이 넓어 보이지만, 여러 프로젝트를 진행해 보면 낯이 익은 사람을 자주 봅니다. 반가운 얼굴도 있지만 모른 척하고 싶은 얼굴도 있죠.

그러므로 경험을 쌓고 전문성을 키우는 것이 당연히 중요하지만, 평판 관리에 신경 쓰는 것도 중요하다는 것을 인식합시다. 나의 경력에 오점이 남지 않도록 상대방을 배려하고, 지킬 것은 지키면서 지내도록 노력해야 합니다.

프리랜서는 프로다

전문성 높이기

앞에서 스페셜리스트와 제너럴리스트에 대해서 설명하였습니다. 둘 다 장단점이 있으므로 자신의 적성에 맞는 것을 선택하면 된다고 했어요. 그리고 스페셜리스트뿐만 아니라 제너럴리스트도 전문성은 뒷받침되어야 한다고 했습니다. 마찬가지로 기술 분야 중심으로 경력을 쌓아 나가는 아키텍트도 높은 전문성을 요합니다.

전문성을 높이기 위해서는 어떻게 해야 할까요? 예상하는 바와 같이 전문성을 기르기 위해서는 공부하고 노력하는 방법 이외에는 없습니다. 애정을 가지고 자신의 업무에 대해서 얼마나 깊이 있게 공부하느냐에 따라 업무 전문성의 정도는 달라집니다.

자신의 업무와 관련이 있는 자격증을 취득하면서 공부할 수도 있고, 온·오프라인의 강좌를 활용할 수도 있을 겁니다. 꾸준히 독서를 하면 지식을 습득할 수 있을 뿐만 아니라 어휘력, 표현력이 좋아져서 문서 작성 능력, 커뮤니케이션 능력 향상에도 도움이 됩니다.

현장에서는 타 팀과 협업 시 메일을 많이 주고받는데, 기록을 남기기 위한 수단으로 메일을 활용합니다. 주고받는 메일 내용을 보면 격식도 없고, 내용도 두서없이 적혀진 경우를 많이 봅니다. 몇 번을 읽어도 제대로 이해가 안 가는 경우도 많아요. 프로젝트 구성원들이 의사

소통 수단인 메일을 소홀히 다루고 있다는 것을 알 수 있어요. 기본적인 격식을 갖추고, 적절한 어휘를 사용하며, 내용을 간단명료하게 적는다면, 수시로 메일을 접하는 상대방에게 '이 사람은 내용 전달을 친절하고 명확하게 한다'는 인상을 줄 수 있습니다.

전문성에는 지식, 경험과 함께 문제 해결 능력 또한 중요합니다. 세 가지는 분리되어 있는 것이 아니라, 서로 연관되어 있어요. 지식과 경험이 쌓이면서 실무에서 겪는 문제를 해결할 수 있고, 이러한 과정을 통해 문제 해결 능력이 높아집니다. 문제 해결 능력을 효과적으로 키우기 위해서는 다음과 같은 노력도 필요합니다.

① 당면한 문제에 대한 정보를 수집합니다. 문서, 프로그램 소스 코드를 찾아보고, 전문가에게 조언을 구합니다.
② 정보를 분석하고, 정보 간의 연결 고리와 관계에 대해 이해합니다. 경험적으로 알고 있는 유사한 사례가 있다면 연관 지어 생각합니다.
③ 여러 가설을 세우고, 테스트를 통해 가설을 검증하여, 해결책을 도출합니다. 만약 해결책으로 문제를 해결하지 못했다면, 기존 가설을 수정하거나 새로운 가설을 세우고, 다시 시도합니다.

문제 발생 상황에서 긴장감을 낮추고, '나는 할 수 있다'는 긍정적인 자세를 견지하면, 문제 해결 능력을 높일 수 있어요. 위기 순간에는 감정 조절 능력 또는 정서 조절 능력이 문제 해결 능력에 많은 영향을 줍니다. 수학능력시험과 같은 중요한 시험을 볼 때, 마음을 편안하게 유지하고 자신감을 가져야 좋은 성적을 얻는 것과 같은 이치라고 할 수 있습니다.

한 분야에 오래 머문다고 해서 전문성이 저절로 좋아지지는 않을 거예요. 학자들은 창조적 긴장이 필요하다고 합니다. 창조적 긴장(Creative tension)이란 자신의 분야에 안주하지 않고, 적절한 긴장 상태를 유지하면서, 새로운 분야에 끊임없이 도전하여 자신의 전문 영역을 확대하려는 노력을 말합니다. 그러므로 프리랜서는 긴장의 끈을 놓지 않고, 전문성 향상 속도가 둔화하거나 어느 시점에서 멈추지 않도록, 열정과 끈기를 가지고 꾸준히 노력해야 합니다.

사업가처럼 일한다

나의 입장에서 생각하고 행동하는 것이 아니라, 고객의 입장에서 생각하고 행동해야 합니다. 내가 전문가이므로 나의 관점이 옳은 것이 아닙니다. 고객의 눈높이에서 생각해야 해요. 내가 보기에 아무리 좋고 최신이고 빠르고 예쁘더라도 고객이 원하고 편하고 만족하는 방향으로 나아가야 합니다. 내가 경력이 많다고, 나이가 많다고, 자존심을 세우면서 일할 필요가 없습니다. 서비스 마인드에 입각하여 고객이 만족하도록, 고객에게 도움이 되도록 노력해야 합니다.

어느 조직에서나 관망하는 사람, 회피하는 사람, 변명하는 사람, 불만을 표시하는 사람은 있습니다. 프리랜서는 프로이므로 이러한 범주의 사람과는 차별화될 필요가 있습니다. 문제가 어렵고 해결책이 보이지 않더라도, 문제를 피하지 않고 의지를 가지고 정면으로 부딪치는 노력이 필요합니다.

현장에서 일하다 보면 어떤 이는 자신이 맡은 영역에서는 다른 사람보다 비교우위를 가지고 있지만, 내가 맡고 있는 범위만 생각할 뿐 그것을 넘어서 다른 사람의 영역까지 생각하기는 싫어합니다. 괜히 어설프게 관여했다가 책임지는 것을 싫어하는 것이죠. 어려운 상황이지만 팀과 팀의 연결 고리가 되어 서로를 이어 주면서, 전체적인 시각으로 접근한다면 실마리는 보입니다. 그 실마리를 담당자에게 보여 주면 또 다른 실마리가 나옵니다. 그런 실마리를 하나씩 이어 나가고, 가설을 세우고, 여기 저기 쌓여 있는 데이터를 통해서 증명해 나가다 보면 결국 문제는 풀립니다. 설령 문제를 완전히 해결하지 못하더라도 열심히 노력했다는 것을 아는 사람은 다 알며, 이러한 노력을 기울인 프리랜서는 전문가이자 해결사라는 평판을 얻게 됩니다. 안전하고 편한 길만 가고자 한다면, 현상 유지하기도 힘들 뿐만 아니라 개선의 여지가 없다는 것은 명백한 사실입니다.

'채널단과 업무단의 연계' 및 '업무단과 대외 기관의 연계' 등의 팀 간 연계 프로그램 개발을 수행하면, 누군가 주도적으로 일을 진행해야 개발 진척 속도가 빠릅니다. '업무에 필요하므로 이런 요건으로 개발해 주세요'라고 개발 요건을 요청한 현업이 프로젝트를 함께하지만, 그 사람이 신입이거가 경험이 적을 경우 메일만 오고 갈 뿐 개발을 이끌어 나가지 못하는 경우가 있어요. '누군가 리딩을 하겠지' 하고 모두가 방관만 하다 보면 일이 정체되고 제자리만 맴돕니다.

리더가 없어 일이 제대로 진행이 안 되고 답답함을 느낄 때는 내가 솔선수범해서 리더의 모습을 보여야 합니다. 프리랜서 개발자로서 다양한 경력과 연륜이 있다면, 설계든 개발이든 시키는 일만 하기보다는 내가 주도적으로 일을 진행하고, 개발에 참여하는 모두가 최선을 다할 수 있도록 이끌어야 합니다. 누군가 요구하지 않더라도 스스로 판단하여 리더의 역할을 묵묵히 해 낼 때 전문가로서 인정받습니다.

프로젝트가 성공하도록 노력한다

주간, 월간 일정을 확인하고, 오늘 해야 할 일에 대한 목록을 정리한후, 일의 우선순위를 정합니다. 일의 우선순위 없이 손에 잡히는 대로 일할 경우, 중요하고 시급한 일을 놓칠 수 있습니다. 현장에서 보면 상당수 개발자가 일의 우선순위를 고려하지 않습니다. 이것은 관리자 또는 현업(고객)으로부터 '일정 내 개발을 완수하라'는 재촉을 받게 하며, 결과적으로 '나는 나름 열심히 일하고 있는데, 좋은 소리를 못 듣는다'는 개발자의 푸념을 만들어 냅니다.

오늘 할 일과 우선순위를 정했다면, 각 일에 대한 개발 완료 목표 일시를 정합니다. 일의 양과 난이도에 따라 대략적인 목표 일시를 정하면 됩니다. 목표를 정하면 정해진 시간 내에 완료하기 위하여 노력하고 허투루 시간을 보내지 않으며 집중하게 됩니다. 실무에서 개발을 하면 느낄 수 있는데, 집중 여부에 따라 개발 생산성에 차이가 많이 나며, 프로그램의 오류 발생 비율도 달라짐을 알 수 있어요.

현장에서 어떤 프로젝트에 들어가 보면, 회사 직원 소속의 개발자들이 야근을 해야 한다는 강박관념에 오전에는 졸면서 시간을 보내고, 오후 1~2시부터 일을 시작해서 밤늦게까지 일을 하는 경우를 봅니다. 매일 야근을 해야 한다는 생각에 아침, 낮에는 체력을 비축해 두고 저녁과 밤에 피곤한 몸을 이끌고 코딩을 해요. 생산성은 극도로 낮고 아주 비효율적으로 일하는 것이죠. 외부 사람들의 시선으로는 '비효율적인 방식', 심하면 '바보 같은 행동'처럼 보일 수 있습니다. 창의적인 일을 하는 개발자는 맑은 정신으로 집중하면서 일해야 생산성도 좋고, 좋은 품질의 코드를 만들 수 있습니다. 이런 현실은 개발자들의 잘못이라기보다는 프로젝트 관리자의 프로젝트 수행 방식 문제라고 볼 수 있습니다. 개발자는 관리자가 지시하는 대로 따를 수밖에 없는 것이죠.

개발자 자신의 신체 리듬을 볼 때 오전, 오후보다는 저녁, 밤에 일이 잘돼서 자발적으로 야근을 한다면 모를까, 관리자가 시켜서 억지로 하는 것은 문제가 있으며, 프로젝트 관리에 개선이 필요하다고 생각합니다. 이러한 환경 속에서 일하는 개발자의 만족도는 당연히 낮을 것이며, 이직률도 높을 것이에요. 이런 프로젝트는 들어가지 말아야 하며, 프리랜서는 이런 프로젝트를 피하고, 다른 곳을 선택할 수 있는 장점이 있어요.

전문가는 일을 맡았을 때 상대방에게 '일을 책임지고 완수할 수 있다'는 신뢰감을 주는 사람입니다. 프리랜서는 그런 사람이어야 합니다. 신뢰는 나와 상대방이 함께 잘되기 위한 필수 요소입니다.

막막함, 두려움은 목표 달성을 위해 거쳐야 하는 자연스러운 심리 상태입니다. 필자도 프로젝트를 수행하면서 '이것은 100% 성공한다'는 확신을 가지고 일을 진행하는 것은 아니에요. 난관에 봉착했을 때, 다양한 방법으로 도전하고 결함을 보완해 나가면, 결국에는 목표를 달성할 수 있다는 끈기와 신념을 가지고 일합니다. 간혹 외부의 도움을 받을 수도 없는 상황에 놓이기도 하지만, 지레 겁먹고 포기할 필요는 없어요. 자신의 경험을 토대로 시행착오를 겪으면서 전진하다 보면 고비를 넘길 수 있습니다.

프로젝트가 잘 진행되려면 팀원을 도와야 합니다. 프로젝트에서 일하는 개발자는 일반적으로 작업량이 많습니다. 회의도 참석해야 하고, 개발도 해야 하고, 문서도 만들어야 합니다. 그런 상황에서 문제의 웅덩이에 빠져서 허둥대는 개발자를 나의 일처럼 도와주기가 쉽지 않아요. 하지만 생각의 전환이 필요합니다. 다른 사람의 어려움을 많이 도와줄수록, 내가 겪어 보지 못한 새로운 문제를 접할 수 있습니다. 그 문제는 내가 나중에 만나게 되는 문제일 수도 있으며, 그때는 지금과 같은 심적 여유를 가지고 접근할 수 없을 거예요. 고생은 하겠지만 문제를 해결함으로써 나의 실력은 더 강해지고 인간관계는 더 돈독해집니다. 또한 나중에 내가 어려움에 처했을 때 자기 일처럼 도와주는 사람이 늘어나게 됩니다.

자기 관리

1) 공부 습관
항상 공부하는 습관을 가져야 합니다. 꾸준히 학습하고 경험하는 노력이 필요합니다. 아는 바와 같이 IT 분야는 기술 변화의 속도가 빠릅니다. 내가 노력하지 않으면 오늘은 전문가라고 할지라도, 내일은 보장할 수 없습니다.

업무 중심 개발자도 기술 영역으로 전문성을 확장해야 하고, 마찬가지로 기술 중심 개발자도 업무 영역으로 전문성을 확장하는 노력이 필요합니다. 여러 영역의 전문 지식을 융합해야 높은 단계의 전문성으로 확장할 수 있습니다.

여건이 안 된다고 공부를 미뤄서는 안 됩니다. 자신이 처한 환경에 대해 불평하고 '이런 환경에서는 어쩔 수 없어'라고 현실에 순응하거나 비관만 하는 태도는 개선해야 합니다. 긍정적인 자세와 절실함을 가지고 나의 가치와 목표를 위해 나아가야 해요.

사람은 열심히 노력하다가도 지식과 경험이 어느 수준까지 올라가서 업무에 익숙해지거나, 주위로부터 인정을 받으면 현재에 만족하는 경향이 있습니다. 지난 성과에 도취되어 자기계발의 고삐를 늦추지 말고, 적절한 긴장 상태를 유지하며, 자신이 부족한 부분이 무엇이고, 무엇이 필요한지 항상 점검하여 역량을 높이기 위해 힘써야 합니다.

2) 탈진 극복

열심히 노력하고 도전하더라도, 불가능에 가까운 목표나 완벽주의에 고뇌하고 스트레스 받기보다, 나의 작은 성취에 감사하는 자세도 필요합니다. 이것은 내가 즐겁게 일하면서 지속가능하게 앞으로 나아갈 수 있도록 도와줍니다.

단기간 내에 성취감을 맛보겠다고 몸과 정신을 혹사하면, 정상적인 피로와 스트레스 수준을 어느 순간 넘어서게 되고, 이것은 공부에 대한 의욕과 열의를 사라지게 하면서 업무의 생산성을 낮추는 결과를 초래합니다. '나는 능력이 없나 보다', '이 일을 내가 할 수 있을까'라고 걱정하면서 미래에 대해 불안감도 느끼고, 자신감도 잃게 되고요.

무엇이든 극단으로 치우치는 것은 피해야 합니다. 일과 경력도 중요하지만, 나의 건강과 가족과의 관계도 중요합니다. 우선순위를 생각하여 결정하고, 균형 있는 생활을 할 수 있도록 노력해야 합니다.

3) 약점을 대하는 자세

사람은 누구나 강점(장점)과 약점(단점)을 가지고 있습니다. 약점이 콤플렉스로 작용하고요. 지금까지 살아온 경험에 비추어 보면 내가 생각하는 약점을 타인은 대수롭지 않게 생각합니다. 또는 그것에 별로 관심이 없습니다.

갤럽 리더십연구소 선임 강사 마커스 버킹엄은 『위대한 나의 발견 강점 혁명』이라는 책에서 "약점을 보완하려는 것은 쓸데없는 곳에 에너지를 소모하는 것일 수 있다. 성공한 사람들은 자신이 가진 강점을 더욱 강화하는 방법을 찾아내 실천에 옮긴 사람들이다"라고 말합니다.

그러므로 나의 약점을 개선하려고 노력은 하되 너무 고민하거나 스트레스를 받지 말자는 것입니다. 나의 강점을 키워서 자신감을 가지고 일의 성과를 내는 것이 더 유리하고 효과적입니다.

4) 근태 관리

프로젝트에서 일하다 보면, 개발자 중 일부는 거의 매일 습관적으로 10~20분 지각을 하는 경우를 봅니다. "어제 늦게까지 일했으니 출근 시간에 늦어도 돼", "성과가 좋으니 이 정도는 괜찮겠지"라고 대수롭지 않게 생각할 수 있으나, 자신의 경력에 흠집을 내는 잘못된 판단입니다. 한두 번 지각이 반복되면 자신의 근면성은 무뎌지고, 지각을 당연시하게 되며, 업무에 임하는 자세도 흐트러집니다. 같이 일하는 개발자도 겉으로는 별말이 없지만, 팀 분위기가 흐려지기에 속으로는 좋게 보지 않습니다. 하물며 관리자는 말할 필요도 없어요.

출퇴근 시간 준수 등의 근태 관리는 프로젝트 공동 생활에서 기본이 되는 자세라고 생각합니다. 근태 관리를 꾸준히 하면 시간이 지나감에 따라 '이 사람은 성실하다'고 인지되며 좋은 평판이 쌓입니다. 성실함을 기본으로 갖추고, 전문성까지 인정받는다면 미래의 프로젝트 기회를 얻는 데 있어 유리한 고지에 올라가는 거예요.

PART 5.

실제 현장에서 보는
프로그램 개발 과정

CHAPTER 01

요구 사항 분석

요구 사항 분석과 정리

요구 사항을 분석하고 정리하여 문서를 만들면 프로젝트의 범위를 정하고 관리하는 데 도움이 됩니다. 쉽게 생각해서 문서에 적혀 있는 것은 개발 단계에서 구현하면 되고, 문서에 없는 것은 개발 단계에서 고려하지 않으면 되는 것이죠.

고객이 업무를 처리하기 위해서 사용하는 프로그램이므로 여러 요구 사항이 있을 것입니다. 이러한 요구 사항을 정리하면 개발 요건이 됩니다. 요구 사항은 목표 시스템을 만들기 위한 필수 요건인 것이죠.

고객이 원하는 요구 사항을 파악하여 문서로 정리하는 작업을 '요구 사항 명세서'를 만든다고 표현합니다. 서로 말로만 주고받지 않고 문서화하는 이유는 점차로 흐려지는 기억에만 의존하지 않고, 추상적인 생각을 구체화할 수 있으며, 잘못된 의사전달로 인한 오해를 방지할 수 있기 때문이에요. 대화에서는 웃으면서 부드럽게 넘어가거나, 짧은 시간 내에 동의한 사안도 문서화해서 당사자에게 보여 주면 '이건 아닌데…' 하면서 의도한 바와 다르게 느끼는 경우가 많습니다. 그래서 더더욱 면밀하게 분석하고 문서화해서 고객에게 확인받는 과정이 필요한 것이죠. 노고를 들여 만든 명세서는 개발 요건에 대해서 논쟁이 생겼을 때, 문제를 해결할 수 있는 명확한 근거가 됩니다.

고객이 무엇을 원하고, 무엇을 개선하고 싶은지를 알기 위해서는, 먼저 고객이 처리하는 업무에 대해서 깊이 이해하고 공부하는 과정이 필요합니다. 실무에서는 업무를 도메인(Domain)이라고 부르기도 합니다. 도메인이란 고객이 다루는 업무 분야를 의미합니다. 만약 업무에 대해서 경험이 없거나 제대로 공부하지 않는다면, 고객이 원하는 요구 사항을 제대로 도출하지 못할 수 있으므로 사전에 철저한 준비가 필요합니다.

예를 들어, 은행 모바일 뱅킹 시스템을 개선하는 프로젝트를 수행하기 위해서는 기본적으로 다음의 내용들을 알아야 하고, 추가적인 심화 학습이 필요할 것입니다.

① 모바일 뱅킹은 어떤 기능을 가지고 있어야 하는가
② 계좌 개설은 어떤 프로세스를 거치는가, 대면 계좌 개설과 비대면 계좌 개설은 어떻게 다른가
③ 계좌 이체(당사 이체, 타사 이체)는 어떤 프로세스를 거치는가
④ 업무를 처리하기 위하여 필요한 대내 인터페이스와 대외 인터페이스에는 어떤 것이 있는가
⑤ 모바일 뱅킹 이용자들이 관심을 가지는 부분은 무엇이며, 타사와의 차별화 전략은 무엇인가

요구 사항을 파악하기 위하여 고객과 인터뷰를 하거나, 고객이 현재 사용하고 있는 프로그램이 있다면 그것을 분석합니다. 현재 사용 중인 프로그램을 'AS-IS 프로그램'이라고 하고, 새로 만들 프로그램을 'TO-BE 프로그램'이라고 합니다. '한글로 말하지 왜 어렵게 영어로 쓰

는 거야'라고 생각할 수 있어요. 의사소통 과정에서 표현하기에 따라 달라질 수 있는 문장을 현장에서는 관용적으로 AS-IS, TO-BE라고 사용한다는 정도로 알면 될 것 같습니다.

인터뷰를 통해서 고객이 하는 업무에 대해서 설명을 들을 수 있고, 기존 시스템을 사용하면서 어떤 어려움이 있는지 알게 되며, 신규 시스템에 바라는 것이 무엇인지 파악할 수 있습니다.

효과적인 인터뷰를 위해서는 고객이 말하는 것을 주의 깊게 들어야 하고, 정확하게 이해하지 못한 것은 다시 질문하여 확인해야 합니다. 내가 아는 내용이라고 하여 성급하게 판단하지 말아야 합니다.

필자는 다음과 같은 경험이 있습니다. 작업할 업무 화면은 복잡한 반면에 개발 시간은 부족하였습니다. 고객에게 문의하고 답변 받기는 시간도 소요되고 번거로워서 필자의 과거 경험을 토대로 '이런 방식으로 구현하면 되겠지. 고객도 만족할 거야'라고 생각하고 개발을 한 적이 있습니다. 결과적으로 필자가 예상한 방식이 맞는 경우도 있었지만, 틀린 경우도 있었습니다. 예상하는 바와 같이, 틀린 경우는 그동안 개발에 투자한 시간은 의미 없어지고, 다시 개발해야 되는 안타까움이 있었습니다. 그러므로 '급할수록 돌아가라'는 속담처럼 고객이 무엇을 원하는지 정확하게 확인한 후 설계 및 개발을 진행하는 것이 현명합니다.

고객이 자신의 생각을 제대로 표현 못 할 수도 있으므로, '머릿속에서 무엇을 원하고 있는지'를 잘 이끌어내는 것도 중요합니다. 단순히 "요구 사항을 말하세요"보다는 깊이를 달리하는 꼼꼼한 질문을 통해서 요구 사항을 하나씩 끄집어내는 노력이 필요합니다. 다음과 같이 타사 구축 사례를 들어 고객의 이해를 돕기도 합니다.

> "타사에서는 A 화면에 B 기능을 추가 개발하였습니다. AS-IS 화면에서는 업무 처리를 위하여 여러 화면을 대조하면서 처리해 야 해서 불편했지만, 추가된 B 기능으로 인해 한 화면에서 처리할 수 있으므로 업무 처리 시간이 많이 단축되었습니다. 지금 보고 있는 화면(고객의 AS-IS 화면)이 타사의 A 화면과 유사한 업무를 처 리하므로, B 기능에다가 C 기능을 추가하면 업무 처리 속도 및 정확도가 훨씬 높아질 것 같습니다."

요구 사항 명세서 작성 시 유의할 사항은 다음과 같습니다.

① 요구 사항 명세서에 기록되는 요구 사항 즉, 명세 내용은 고객, 개 발자를 포함하여 프로젝트 당사자 모두가 이해하기 쉽도록 평이 하게 작성해야 합니다.

　고객에게 익숙하지 않은 기술 관련 전문 용어는 지양하고 쉬운 용어로 설명해야 합니다.

② 고객의 추상적인 요구 사항을 구체적인 요구 사항으로 표현할 수 있어야 하며, 서로 상충하거나 모순되는 요구 사항은 고객과 다 시 협의하여 명확하게 해결해야 합니다.

　요건을 구체적으로 도출하고 상충되는 것을 해결해야지만, 무엇 을 개발하고 무엇을 개발 안 할지 개발의 범위가 명확해집니다.

③ 당사자마다 다르게 판단하지 않도록 명확한 문장으로 표현합니다.

요구 사항 명세서를 모호하게 작성할 경우, 고객이 생각하는 것과 개발자가 생각하는 것이 불일치하여 원하는 개발 결과물이 나오지 않게 됩니다.

④ 작성한 요구 사항 명세 내용을 검증합니다.

고객의 요구 사항을 제대로 기록하였는지, 내용에 오류나 결함은 없는지, 누락된 것은 없는지 검토하고 확인합니다.

⑤ 요구 사항의 중요도와 우선순위를 정합니다.

우선순위를 정해야 중요한 일에 개발 자원을 집중할 수 있고, 우선순위 과제가 해결되어야만 연관된 다음 과제도 쉽게 해결될 수 있습니다.

⑥ 요구 사항 명세서는 설계와 개발의 기초가 되므로 명세 내용이 실제 개발 과정에서 구현 가능한지도 확인해야 합니다.

'고객의 요구를 수용하는 것이 우선이다'라는 생각에 개발 단계에서 실제 구현 가능 여부를 고려하지 않을 경우, 개발 기간이 늘어나게 되고, 여러 시행착오를 겪게 되며, 결국에는 요구 사항을 충족하지 못하는 상황까지 발생하게 됩니다.

요구 사항 명세서 작성이 완료되면, 고객의 확인을 받습니다. 그 후에 요구 사항의 변경이 필요하다면 고객과 프로젝트 수행사가 동의하는 공식적이고 적절한 절차를 거쳐서 변경이 이루어지도록 해야 합니다. 요구 사항 명세서는 목표 시스템의 이정표에 해당하므로 수시로 요구 사항이 추가되거나 변경되어서는 안 되겠죠.

요구 사항을 제대로 도출하지 않으면 프로젝트가 끝없이 이어진다

고객의 요구 사항을 제대로 도출하지 않고, 요건을 불명확한 상태로 남겨 둘 경우, 개발 단계에서 비용이 증가하게 됩니다. 개발 완료된 프로그램을 계속 수정해야 되는 상황에 처하게 되는 것이지요. 개발자들이 싫어하는 것들 중 상위권에 속하는 것이 '재작업'이에요. 필자도 이미 만들고 테스트 완료한 프로그램을 다시 수정해야 하는 상황에 처하게 되면, 참 난감하고 일하기 싫어집니다. 이로 인해 개발 일정 지연도 자연스레 뒤따르게 마련입니다. 지연을 만회하려면 싫은 야근을 감수해야 하고요. 야근은 능률을 저하시키고 차후 개발의 생산성을 떨어뜨립니다. 흔히 말하는 악순환의 연속입니다.

실무에서는 요구 사항을 제대로 분석하고 정리하였다고 하더라도 개발 단계 진행 중에 고객이 추가 요구 사항을 요청하는 경우가 많습니다. 요구 사항 명세서에 나와 있는 것만 개발하면 좋겠지만, 개발자가 개발한 화면을 고객이 테스트하면서 불편한 사항이나 개선할 사항이 보이므로 추가적인 요구 사항이나 수정 요구 사항이 나오게 되는 것이죠.

대폭적인 화면 수정이나 대규모의 추가 요구 사항은 수용하기 어렵지만, 고객이 화면을 사용하면서 원활하게 업무 처리를 할 수 있도록 어느 정도의 추가 요구 사항, 수정 요구 사항은 받아줄 필요가 있다고 생각됩니다. 이 부분은 프로젝트를 수행하면서 어쩔 수 없이 맞닥뜨리는 부분이므로 너무 스트레스를 받지 않았으면 좋겠어요.

고객 입장에서 생각하자

피고용인의 상태를 넘어서 자기 사업을 하고 있다는 자세로, 고객에게 훌륭한 서비스를 제공하도록 노력해야 합니다. '내가 기술자다. 너는 모른다'는 식의 불통이 아니라 상대방을 이해하고 소통하려는 노력이 필요해요. 고객의 요구 사항을 파악하고 그것을 구체화하여, IT로 어떻게 구현해야 사용자가 업무를 원활히 수행할 수 있을지 고민해야 합니다.

고객이 요청하지 않았지만 주도적으로 일하는 개발자의 모습은 어떨까요.

고객의 요구 사항으로 프로그램을 개발했지만, 타사에서 프로젝트를 수행하면서 '해당 업무 화면은 어떤 화면 구조와 어떤 기능이 조합되었을 때, 고객이 좋아하고 만족했다'는 것을 알고 있다면, 고객에게 변경안을 제안할 수 있습니다. '고객이나 관리자가 시킬 때까지 일하지 않는다'가 아니라 '고객 입장에서 생각하고 고객을 위해 먼저 행동한다'는 태도죠.

테스트 단계에서 고객의 프로그램 테스트가 면밀하게 이루어지지만, 개발자가 알 수 있는 프로그램의 잠재적인 오류가 있다면 그 부분을 이슈화해서 문제를 해결해 나갈 수 있습니다. 일을 만들어서 하고, 사서 고생하는 셈이지만 멀리 보면 고객과 내가 함께 잘되는 길일 수 있습니다.

이러한 모습들은 회사 소속 직원에게도 필요하지만, Part 4에서 자세히 알아본 프리랜서에게 더 필요한 자질이고 덕목이라고 할 수 있습니다.

CHAPTER 02

프로그램 설계

설계가 미흡하면 개발을 다시 해야 한다

설계 작업보다는 상대적으로 코딩이 재미있어 설계의 중요성을 간과한다면, 나중에 프로그램을 많이 수정하거나, 심하면 다시 개발해야 하는 경우도 생길 수 있습니다.

필자도 여러 당사자들과 협의를 자주 해야 하고, 생각도 많이 해야 하며 그에 반해 진도는 잘 나가지 않는 설계 작업보다는 몰입할 수 있는 코딩이 더 재미있습니다. 내 손으로 무엇인가 만들고 결과를 확인해 나가는 과정은 흥미 있고 시간도 잘 가지요. 하지만 설계가 미흡하면 소스 코드의 복잡도가 증가하고, 지저분해져 가독성이 떨어집니다. 코드가 깔끔해지지 않아요. 당연히 해당 프로그램을 이어받아서 작업해야 하는 사람은 '내가 뒤치다꺼리하려고 왔나'라고 느끼며 거부감을 표시할 것이고, 개발 속도 또한 잘 나지 않을 것입니다. 더욱더 문제가 되는 것은 해당 소스 코드가 잠재적인 오류를 내포할 수 있다는 것입니다.

따라서 설계를 잘하면 보기 좋고 이해하기 쉬운 소스 코드가 만들어질 개연성이 높아지고, 더불어 프로그램 실행 성능도 좋아집니다. 설계가 중요하다는 것을 알겠죠?

고객이 사용하고 있는 AS-IS 프로그램이 있다면, AS-IS 프로그램을 분석해서 설계에 반영하는 것이 중요합니다. 현재 사용 중인 프로그램을 AS-IS 프로그램이라고 하고, 새로 만들 프로그램을 TO-BE 프로그램이라고 합니다. 앞의 요구 사항 분석 단계에서도 AS-IS 분석이 필요하다고 했는데, 그 단계에서는 화면 중심으로 분석하는 것이라면, 프로그램 설계 단계에서는 화면뿐만 아니라 프로그램 소스 코드의 분석이 중심이 됩니다.

AS-IS 프로그램은 장기간에 걸쳐서 수정하고 보완하면서 운영해 온 프로그램이므로 해당 소스 코드들은 사소한 부분일지라도 존재의 이유가 있습니다. 고객의 요건대로 설계를 하고 프로그램을 개발했지만 AS-IS 요건(AS-IS 소스 코드에 나와 있는 업무 로직)을 누락하였다면, 기존에 사용하던 화면과 다른 결과가 나오거나, 타 프로그램과 연동 시 예상하지 못한 에러가 발생하게 됩니다.

AS-IS 프로그램은 오랜 기간 동안 유지·보수되어 왔기에 개발 요건을 제시하는 고객조차도 관련 업무 내용을 잘 모르는 경우가 간혹 있습니다. 프로그램에 주석이 달려 있더라도 내용이 부실한 주석도 많고, 아예 주석이 없는 부분도 있으므로 프로그램을 분석하는 데 애로사항이 있어요. 디버깅을 할 수 있다면 코드를 분석하기 한결 수월할 테지만, 운영 인력이 아닌 개발 인력이 프로그램을 디버깅하면서 분석하기가 어려운 경우도 많습니다. 디버깅을 할 수 있는 개발 환경이 지원되지 않기 때문입니다. 디버깅은 프로그램 내 코드를 한 라인씩 추적하면서 에러를 해결해 나가는 방법을 말합니다.

실무에서 진행되는 프로젝트는 개발 프로젝트와 운영 프로젝트로 구분됩니다. 일반적으로 개발 프로젝트에서는 개발 인력이 프로그램을 신규로 만들고, 운영 프로젝트에서는 신규 개발 완료된 프로그램을 운영 인력이 유지·보수(운영)합니다. 담당하는 역할이 다를 뿐이지 개발 인력과 운영 인력은 모두 개발자입니다.

운영 인력이 상주하는 공간(물리적 공간)과 개발 인력이 비상주하는 공간(물리적 공간)은 보통 분리되고, 운영 인력이 작업하는 시스템 공간과 개발 인력이 작업하는 시스템 공간은 서로 다르기에 자연히 '개발자 PC에 세팅된 개발 환경' 또한 서로 상이합니다.

사용자가 화면을 사용하여 업무를 진행하면 ① 화면에서 프로그램을 호출하고, ② 프로그램이 실행되면서 DB(데이터베이스)와 연동하며, ③ 그 후 화면에 결과를 출력합니다. 이때 정상적인 결과가 출력되기 위해서는 DB가 유효한 데이터를 가지고 있어야 합니다. 데이터가 운영 데이터에 근접할수록 유효한 데이터가 됩니다. 처리되는 프로세스를 그림으로 그려 보면 아래 그림 5-1과 같습니다.

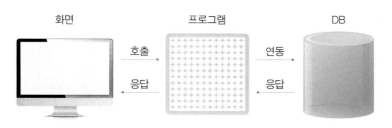

그림 5-1. 화면, 프로그램, DB 처리 프로세스

일반적으로 기업의 업무 시스템은 개발 DB, 검증 DB, 운영 DB 3가

지를 가지고 있습니다. 운영 DB에는 실제 데이터가 저장되고, 검증 DB에는 운영 DB와 유사한 데이터가 저장되며, 개발 DB에는 실제 데이터와는 거리가 먼 테스트용 데이터가 들어 있다고 보면 됩니다.

운영과 유사한 데이터가 들어 있는 검증 DB에 접근할 수 있는 권한을 운영 인력이 가지고 있으므로, 결과적으로 분석과 개발에 좀 더 효과적인 개발 환경을 가지게 됩니다. DB에는 개인 정보를 포함한 보안을 요하는 데이터가 들어 있기에 개발 인력에게 접근 권한이 부여되지 않습니다. 물론 개발 인력도 데이터베이스가 있어야 개발을 진행할 수 있기에 개발 DB가 제공되지만 속의 내용물은 다른 것이지요. 내용물이 다르기에 업무 프로그램을 실행하더라도 정상적인 처리가 되지 않거나 분석이 어렵게 됩니다. 디버깅, DB에 대해서는 뒤에서 다시 자세히 다루게 되니 걱정 안 해도 됩니다.

이와 같은 환경에서 분석과 설계를 진행하려면, 결국 운영 인력의 도움을 받아야 합니다. 고객이 운영 인력과의 면담 자리를 마련해 주므로 잘 활용하고, 개인적으로도 운영 인력과 좋은 연결 고리를 만들어서 궁금한 내용은 바로 문의해야 합니다. 혼자 고민하며 시간을 낭비하지 말고, 내용을 잘 아는 전문가의 도움을 받는 게 좋습니다.

화면 설계

프로젝트의 설계 단계에서는 화면 설계, DB 설계, 프로그램 설계 이렇게 3가지를 진행합니다. 먼저 화면 설계부터 알아보겠습니다.

채널단에서도 화면 설계를 하고, 업무단에서도 화면 설계를 합니다. 채널단, 업무단에 대해서는 Part 2에서 알아보았습니다. 채널단(웹/앱) 프로젝트에는 기획자, 개발자, 디자이너가 있고, 기획자가 화면 기획(화면 설계)을 담당합니다. 일반적으로 기획자가 수행하는 기획 업무에는 서비스 기획, 화면 기획(화면 설계) 등이 포함됩니다.

화면 설계 작업만 놓고 볼 때, 채널단에서 진행하는 화면 기획(화면 설계) 작업과 업무단에서 진행하는 화면 설계 작업이 대동소이하지만, 기획자가 '화면을 설계한다'는 표현보다는 '화면을 기획한다'는 말을 주로 사용합니다. 또한 기획자를 설계자라고 부르지도 않아요. 업무단 프로젝트를 많이 하던 개발자가 채널단 프로젝트에 참여할 경우, '설계'라는 단어 대신에 '기획'이라는 말을 사용하는 모습을 보면 잠시 어색함을 느낄 수도 있습니다. 중요한 내용은 아니므로 '아, 그렇구나'라고 참고만 하고 넘어가면 됩니다.

채널단 프로젝트에서 기획과 개발 영역은 확연히 분리되는 것으로 여기므로, 개발자가 기획자 역할을 같이 하는 경우는 거의 없습니다. 기획자는 보통 파워포인트 프로그램을 사용하여 화면을 설계하고, 콘텐츠를 구성합니다. 이러한 기획 문서를 '스토리보드'라고 합니다.

업무단 프로젝트에는 설계자, 개발자가 있고, 설계자가 화면 설계, DB 설계, 프로그램 설계를 담당합니다. 프로젝트 규모가 크지 않을 경우, 개발자가 설계자 역할을 병행하기도 합니다. 화면 설계의 경우, 설계자가 작업하기도 하지만, 고객이 엑셀 프로그램을 사용하여 화면을 직접 그려서 제공하는 경우가 많습니다.

채널단에서는 화면으로 웹(WEB) 프로그램을 사용하는데 업무단에서는 어떤 프로그램으로 화면을 구성할까요. 과거에는 업무단 화면을 C/S(Client/Server) 프로그램을 사용하여 주로 개발하였습니다. 클라이언트(Client)는 화면에 해당하고, 서버(Server)는 클라이언트의 요청을 받아서 처리하는 프로그램으로 생각하면 됩니다. C/S 프로그램의 특징은 프로그램을 실행하면 화면을 구성하는 여러 컴포넌트(구성 요소)를 서버에서 한번에 일괄적으로 내려 받는 과정을 거치므로, 화면이 뜨기까지 시간이 많이 소요된다는 점입니다. 컴포넌트란 화면의 버튼, 텍스트 박스, 그리드 등의 구성 요소를 말하며, 참고로 그리드에는 글의 목록이 출력되며, 게시판을 생각하면 됩니다. 일단 화면이 뜬 이후에는 서버에서 컴포넌트를 추가적으로 받아올 필요가 없고, 인터넷이 아닌 내부 인트라넷을 통하므로 실행 속도가 빠른 장점이 있습니다. 인트라넷은 회사 내부의 사내 망을 말합니다.

이와 비교되는 웹 프로그램은 화면의 컴포넌트를 내려 받을 필요가 없으므로 초기 화면 기동이 빠른 반면, 인터넷을 통해서 서버에 접근해야 하므로 실행 속도가 상대적으로 느리다는 단점이 있습니다. 물론 웹 브라우저만 설치되어 있으면, PC에서든 스마트폰에서든 쉽게 서버에 접속할 수 있다는 뚜렷한 장점이 있습니다. 웹 프로그램은 C/S 프로그램에 비해 화면을 디자인하기가 쉽지 않습니다. 그래서 웹 디자이너의 역할이 필요한 것이에요. C/S 프로그램은 컴포넌트를 드래그 앤 드롭(Drag and Drop)해서 화면의 특정한 곳에 위치시키면 되기에 디자이너가 없더라도 개발자가 충분히 디자인할 수 있을 만큼 편리합니다.

요즘 업무단 프로젝트는 화면을 X-Internet 프로그램을 사용하여 개발합니다. X-Internet는 C/S와 웹의 장점을 가지고 있습니다. 초기 화면 기동이 빠르고, 인터넷이 아닌 내부 인트라넷을 사용하므로 실행 속도도 빠릅니다. 화면 디자인 시 컴포넌트를 드래그 앤 드롭해서 위치시키면 되므로 개발자가 쉽게 작업할 수 있습니다. X-Internet 프로그램은 상용 프로그램으로 제공됩니다. 상용이라는 단어가 붙었으므로 무료가 아니라 솔루션 개발 회사에서 만든 제품의 형태로 유료로 제공합니다. X-Internet 프로그램은 배우기가 어렵지 않아요. JavaScript 등 코딩에 대한 지식이 있으면 프로젝트에 들어가서 개발 가이드 및 샘플을 참고하기만 해도 기능을 어렵지 않게 습득할 수 있어요.

화면 설계 문서에는 화면 설명, 화면 전체 구성(화면 레이아웃), 버튼 등의 컴포넌트의 배치, 컴포넌트를 클릭했을 때 처리해야 하는 기능(조회, 등록, 수정, 삭제) 등을 개발자가 이해하여 개발할 수 있도록 상세하고 명확하게 작성하여야 합니다. 컴포넌트를 클릭했을 때 처리해야 하는 기능에 대해서 예를 들어 설명을 하면 다음과 같습니다.

① 사용자가 화면 상단의 조회 버튼을 클릭하면, 출금 내역 정보를 조회한다.
② 사용자가 화면 하단의 등록 버튼을 클릭하면, 그리드에 입력한 내용을 등록한다.
③ 사용자가 화면 하단의 삭제 버튼을 클릭하면, 그리드에서 선택한 항목을 삭제한다.

버튼 등을 클릭하면 '이벤트'가 발생한다고 표현합니다. 위에서 예를 든 것처럼, 사용자가 화면 상단의 조회 버튼을 클릭하면, '버튼 클릭 이벤트'가 발생하게 되고, 개발자가 코딩하는 프로그램에서는 이벤트를 감지하여, 소스 코드가 실행됩니다. 다음 그림 5-2와 같이 이해하면 됩니다. 화면 설계 문서에는 이벤트가 발생했을 때 어떤 내용이 처리되는지 자세히 기술되어야 개발자가 해당 내용을 코딩으로 구현할 수 있습니다.

그림 5-2. 화면 이벤트 처리

실무에서 화면 설계 시 다음의 내용을 참고하면 좋아요.

① 화면명, 화면과 관련된 업무 내용, 화면이 처리하는 기능 등을 화면 설명 영역에 기술한다.
② 화면 설계 문서에 나와 있는 화면 레이아웃과 동일하게 화면 디자인을 하므로, 화면 구성, 타이틀 및 컴포넌트의 위치와 크기 등은 수치를 사용하여 정확하게 기술한다.
③ 화면에 출력되는 데이터를 표현하는 경우, 의미 없는 문자(XXX 등)의 나열보다는 실제로 출력 가능한 데이터를 기입하여 이해를 돕는다.
④ 화면 이벤트가 발생했을 시, 처리하는 내용을 구체적으로 설명한다. 문자로 설명하는 데 한계가 있다면 도표, 그림 등을 활용한다.
⑤ 화면이 동적으로 변할 경우, 이전 화면, 이후 화면을 각각 설계하

고 설명한다. 화면과 연계되어 처리되는 화면이 존재한다면, 해당
화면에 대해서도 그림으로 보여 주고 내용을 기술한다.

DB 설계

화면 설계 다음으로 DB 설계를 알아보겠습니다. 데이터베이스(Data-base)는 데이터를 저장하는 장소를 말하며, 줄여서 DB라고 부릅니다.
예를 들어, 회원 가입 화면에서 사용자가 입력하는 성명, 전화번호, 주
소 등의 정보(데이터)가 DB에 저장됩니다. DB 설계하기 위해서는 테이
블, 관계 등을 알아야 하므로 하나씩 살펴보겠습니다.

1) 테이블(Table)

DB는 여러 개의 테이블로 구성되어 있으며, 테이블을 엔티티(Entity)
라고도 표현합니다. 테이블은 행(가로)과 열(세로)로 되어 있으며, 실제
적으로 데이터를 저장하고 있다고 이해하면 됩니다. 엑셀이나 워드 프
로그램의 표의 형태가 테이블이라고 생각하면 됩니다. 테이블의 셀 안
에 데이터가 들어가는 것이죠. 다음 표 5-1이 테이블을 나타냅니다.

회원 ID	이름	주민번호	성별	전화번호	주소
ID_001	홍길동	111111-2222222	남	010-1111-2222	서울시 영등포구

표 5-1. 회원 테이블

테이블은 행(가로)과 열(세로)로 되어 있는데, 자세히 알아보겠습니다.

(1) 행

① 테이블의 가로를 나타냅니다. 실무에서 보통 '로우(Row)'라고 부릅니다.

② 테이블에 데이터가 5건 들어 있다면, 테이블을 조회했을 때 1행부터 5행까지 5개의 로우가 표시됩니다.

③ 표를 생각하면 알 수 있듯이 행과 열이 만나는 지점(셀)에 값이 들어가 있습니다. 이러한 값이 데이터가 됩니다.

④ 일반적으로 각각의 로우을 구별(식별)할 수 있는 값이 존재하는데 이런 값을 '키(Key)' 값이라고 합니다. 예를 들면, 회원 테이블의 각각의 로우에 들어 있는 주민번호 칼럼(Column)이 키가 되고 키 값은 'XXXXXX-XXXXXXX' 형식의 실제 주민번호입니다. 다시 정리하면, 회원 테이블의 키가 되는 칼럼은 주민번호 칼럼입니다. 칼럼에 대해서는 아래에서 설명합니다. 키를 '프라이머리 키(Primary Key)'라고 하며, 줄여서 PK라고 부릅니다.

참고로 실무에서는 개인정보 보호를 위하여 주민번호 정보는 암호화되어 저장됩니다.

(2) 열

① 테이블의 세로를 나타냅니다. 속성(Attribute)이라고도 표현하며, 실무에서 보통 '칼럼(Column)'이라고 부릅니다.

② 예를 들어, 회원 테이블은 회원 ID, 이름, 주민번호, 성별, 전화번호, 주소 등의 칼럼을 가지고 있습니다. 위에서 설명했듯이, 각각

의 로우를 구별(식별)하는 칼럼은 주민번호 칼럼이며, PK 칼럼에
해당합니다.

고객이 화면에서 조회, 입력, 수정, 삭제를 요청하면, 해당 요청이 프
로그램으로 들어가고, 프로그램은 DB 처리를 하게 되며, 다음과 같이
테이블에 대해서 조회, 입력, 수정, 삭제가 이루어집니다. 앞에서 설명
한 그림 5-1의 과정과 동일합니다.

① 테이블에 데이터를 입력(Insert)한다.
② 테이블에 입력되어 있는 데이터를 조회(Select)한다.
③ 테이블에 입력되어 있는 데이터를 수정(Update)한다.
④ 테이블에 입력되어 있는 데이터를 삭제(Delete)한다.

프로그램에서 DB 처리를 할 때는 Part 1에서 알아보았던 SQL이라
는 언어를 사용하여 조회, 입력, 수정, 삭제를 합니다.

2) 관계(Relation)

테이블과 테이블은 서로 관계를 맺고 있습니다. 즉, 테이블은 서로
연관성을 가지고 있어요. 부서, 사원 테이블을 예로 들면, '부서는 여러
사원을 포함한다', '사원은 부서에 속한다'라는 관계를 가지고 있습니
다. 테이블 간의 관계 종류에는 일대일(1:1, One-to-One) 관계, 일대다
(1:n, One-to-Many) 관계, 다대다(n:n, Many-to-Many) 관계 등 3가지가 있
습니다. 부서와 사원 테이블 간의 관계는 3가지 중 어디에 해당할까요.
하나의 부서는 여러 사원을 포함하고, 사원은 하나의 부서에 속하므로

부서와 사원은 일대다(1:n, One-to-Many) 관계에 해당합니다.

두 테이블에 관계를 부여하려면, 두 테이블을 연결해 주는 칼럼 정보가 필요합니다. 기준 테이블(예: 부서)에서는 해당 칼럼을 PK 칼럼이라고 하고, 참조를 하는 테이블(예: 사원)에서는 해당 칼럼을 FK 칼럼이라고 합니다. FK 칼럼을 외래키(Foreign Key) 칼럼이라고 부릅니다.

정리하면 부서, 사원 두 테이블이 관계를 맺고 있다면, 기준이 되는 테이블의 PK(부서 코드)가 참조하는 테이블에서는 FK(부서 코드)가 됩니다. 앞에서 PK 칼럼이란 로우를 구별(식별)하는 칼럼이라고 하였습니다.

예를 들어 보겠습니다. 부서 테이블에는 부서코드(PK), 부서명 등의 칼럼이 있고, 사원 테이블에는 사원번호, 부서코드(FK), 사원명 등의 칼럼이 있습니다. 보는 바와 같이 부서코드 칼럼이 서로 중복되어 있는데, 이 부서코드 칼럼이 두 테이블을 연결해 주는 칼럼입니다. 기준이 되는 테이블은 부서 테이블이고, 사원 테이블이 부서 테이블을 참조합니다. 그러므로 부서 테이블의 부서 코드는 PK이고, 사원 테이블의 부서 코드는 FK가 됩니다. 반복하면 참조하는 쪽(사원)이 FK가 되는 거예요. 사원 테이블이 가지고 있는 부서 코드가 FK 칼럼으로 되어 있는 것을 보고, '사원 테이블이 부서 코드 테이블을 참조하고 있구나'라고 생각하면 됩니다.

부서 테이블과 사원 테이블의 관계를 그림으로 표현하면 다음 그림 5-3과 같습니다. 이러한 테이블의 관계를 나타내는 그림을 ERD(Entity Relationship Diagram)라고 부릅니다.

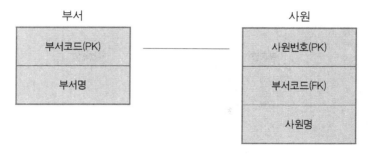

그림 5-3. 부서 테이블과 사원 테이블은 관계를 맺고 있다

참고로 테이블에는 PK 칼럼이 1개 존재할 수 있고, 2개 이상 존재할 수도 있습니다. PK 칼럼이 3개라면, 관계를 맺는 상대방 테이블도 FK 칼럼을 3개 가지게 됩니다.

DB 설계는 업무를 구현하기 위하여 필요한 테이블을 추출하고, 각 테이블에 대해서 속성을 추가하며, 테이블 간의 관계를 지정하는 작업이라고 보면 되겠습니다.

회원 관리에 대한 DB 설계를 한다면, 회원 기본, 회원 관심 목록, 회원 로그인 내역 등의 테이블을 추출할 수 있습니다. 이러한 테이블은 필자가 임의로 추출한 것이고, 업무에 따라 다른 테이블을 나열할 수도 있어요. 테이블의 한글 이름을 정할 때, 기본이 되는 테이블은 '기본', 리스트 성격은 '목록', 히스토리 성격은 '내역'이라고 뒤에 붙이면(명명하면) 됩니다. 테이블 명명 규칙은 절대적인 것은 아니고 프로젝트마다 서로 다를 수 있습니다. 각 테이블에 칼럼(속성)들을 부여하고, 회원은 여러 개의 관심 분야가 있을 것이므로 회원 기본과 회원 관심 목록은 일대다(1:n, One-to-Many) 관계를 지정하면 됩니다. 마찬가지로 회원이 여러 번 로그인을 하게 되므로 회원 기본과 회원 로그인 내역 또한 일대다 관계를 가집니다.

프로그램 설계

요즘 프로젝트에서 제공되는 상용 프레임워크는 설계의 통일성과 편의를 위해 설계 프로그램을 프레임워크 내에 포함하여 제공하고 있습니다. 프레임워크의 개념은 개발 도구 정도로 이해하도록 하고, Part 5의 'CHAPTER 03. 프로그램 개발'에서 프레임워크에 대해서 자세히 알아보겠습니다.

설계 프로그램을 이용하여, 시각적으로 바로 확인할 수 있는 흐름도(Flowchart)를 그려서 프로그램의 로직을 설계합니다. 흐름도는 다음 그림 5-4와 같습니다. 로직이란 업무 요건을 소스 코드로 구현하기 위한 논리적인 흐름이라고 보면 됩니다. 흐름도를 그린다고 하여 펜이나 마우스로 그리는 것은 아니고, 설계 프로그램 화면에 아이콘 형태로 나와 있는 다이어그램(Diagram)을 마우스로 드래그 앤 드롭하면서 흐름도를 그립니다. 업무적으로 숙지하고 있어야 하는 내용은 텍스트 박스에 입력합니다.

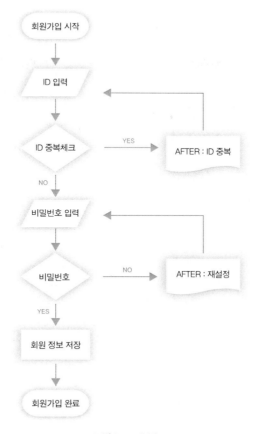

회원가입 시작

ID 입력

ID 중복체크 — YES → AFTER : ID 중복

NO

비밀번호 입력

비밀번호 — NO → AFTER : 재설정

YES

회원 정보 저장

회원가입 완료

그림 5-4. 흐름도

설계 프로그램을 사용하기 전에 편하게 종이에 그림을 그려 봐도 좋습니다. 프로그램 도구를 사용해서 설계하면 아무래도 부담스럽고 제약 사항이 느껴집니다. 연필로 종이에 그림을 그리면서 설계하면 생각에 집중할 수 있어서 좋아요. 처음부터 제대로 된 설계 결과가 나오지는 않지만, 시간이 흐르면서 노하우가 생기게 됩니다.

프로그램 설계를 완료하였다면 설계 프로그램 상단에 위치하고 있는 코드 생성 버튼을 클릭합니다. 뼈대가 되는 기본적인 소스 코드가 자동으로 생성됩니다.

자동 생성된 소스 코드를 열어 보면 함수, 변수, 주석, 기본 코드 등이 들어 있습니다. 전체적인 프로그램 틀을 잡은 것이므로 이것으로 프로그램 개발이 완료되는 것은 아니고, 개발 단계에서 내용을 채워나가야 합니다. 함수, 변수, 주석 등은 다음 CHAPTER에서 자세히 알아보겠습니다.

만약 프로젝트에서 사용하는 프레임워크에 설계 프로그램 기능이 없다면, 다른 설계 프로그램을 사용하면 되고 방식은 유사합니다. 만약 그마저도 여의치 않다면 엑셀이나 워드 프로그램을 이용하거나 종이에 편하게 그려서 설계해도 됩니다.

설계 단계를 진행하면서 프로토타입 또는 선도 개발을 진행할 수 있습니다. 프로젝트에서는 선도 개발이라는 말을 더 많이 씁니다. 선도 개발을 하는 이유는 설계를 바탕으로 개발을 진행하면 이런 결과물이 나온다는 것을 프로젝트 참여자들에게 보여 주고, 토론을 통해 미비점을 보완할 수 있기 때문이지요. 선도 개발 과정 없이 설계를 완료하고 개발 단계에 들어갔는데, 막상 개발을 해 보니 설계한 내용으로 개발을 진행할 수 없다고 판명이 난다면, 설계 단계로 다시 돌아가서 재설계해야 하는 황당한 상황이 생기겠죠. 선도 개발의 대상은 보통 제한이 없지만, 업무에 공통으로 사용되는 화면을 선택해서 개발하기도 합니다.

화면·DB·프로그램 설계 시, 타 업무와의 연계를 생각하고 나아가

시스템 전체 구조를 고려할 수 있는 여유를 가진다면, 차후에 프로그램과 연관되어 발생할 수 있는 여러 상황에 좀 더 능동적으로 대처할 수 있습니다. 참고로 다음과 같은 내용을 설계 시 고려할 수 있습니다. 부담 없이 읽고 넘어가면 됩니다.

1) 사용자 경험을 고려합니다

사용자 경험(User Experience, UX)은 사용자가 제품, 프로그램 등을 사용하면서 느끼고 경험하게 되는 것을 말합니다. 설계 및 개발에서는 프로그램을 사용하는 실제 사용자를 고려해야 합니다. 개발자 시각도 중요하지만, 사용자 눈높이에서 사용하기 쉬운 프로그램이 되어야 합니다. 가전제품이나 휴대폰 앱 프로그램을 사용할 때처럼 사용 설명서를 보지 않더라도 직관적으로 파악할 수 있으면 좋습니다.

프로그램이 다양한 기능을 가지고 있고, 최신 기술을 반영하였다고 하더라도 실사용자가 불편함을 느낀다면 해당 프로그램은 수정이 불가피하다고 할 수 있습니다.

2) 프로그램을 여러 팀에서 호출하는 경우, 문제없이 서비스될 수 있는 구조가 되어야 합니다

프로젝트는 여러 팀들과 함께 진행을 합니다. 내가 개발한 프로그램이 공통 기능을 가지고 있어, 여러 팀에서 호출할 수도 있어요. 여러 팀이 가지고 있는 프로그램은 특징이 다양하므로, 내가 만든 프로그램을 호출하면서 "입력 값으로 A 항목을 더 추가해주시면 안 될까요?", "내부 처리 로직에 수정할 부분이 있어요", "리턴 값으로 B 객체에 C 프로퍼티가 추가로 필요합니다" 등과 같은 여러 요구 사항을 말할 수 있습니다. 이런 경우, 프로그램을 유연하게 설계해야 내가 만든 프로그램을 자주 수정하는 번거로움을 줄일 수 있어요.

다음 CHAPTER에서 자세히 알아보겠지만, 리턴 값은 프로그램이 실행 완료 후 호출한 프로그램에게 응답해 주는 값을 말합니다. 객체와 프로퍼티에 대해서도 간단히 예를 들어 알아볼게요. 홍길동이라는 객체가 있다면, 홍길동은 이름, 나이, 성별 등의 프로퍼티를 가지고 있게 되며, 이러한 프로퍼티를 속성이라고 부릅니다.

3) 고객의 요건이 변경되더라도 기존 프로그램의 수정을 최소화하도록 확장성을 가집니다

고객의 요건이 10개라면 프로젝트가 종료될 때까지 변동이 없으면 좋은데, 실제는 그렇지가 않습니다. 요건의 내용도 변하고 개수도 변합니다. 이럴 경우, 기존에 만들어 놓은 프로그램의 수정을 최소화하기 위해서는 설계 시 고객의 추가적인 사항들을 받아들일 수 있게끔 확장성을 가지도록 해야 합니다. 비유해서 예를 들어볼게요. 여러분들이 사용하는 노트북이나 컴퓨터는 여러 개의 USB 포트, 모니터를 연결하는 HDMI·VDI 포트, 메모리 카드를 꽂는 포트 등 다양하게 연결할 수 있는 포트들을 가지고 있습니다. 당장은 필요가 없을 수 있지만, 나중에 요긴하게 쓰이는 경우를 경험했을 겁니다. 이러한 여분의 포트들이 설계에서의 확장성과 관련됩니다.

4) 프로그램의 중요도가 높은 경우, 업무 처리 속도를 고려합니다

개발해야 할 프로그램이 10개라면 중요도에 차이가 있습니다. 중요하지 않은 프로그램은 대충 개발해도 되고, 성능이 나빠도 된다는 것은 당연히 아닙니다. 일반적으로 중요한 프로그램은 관심을 받게 되고, 결함, 성능 등 여러 면에서 면밀하게 테스트를 받습니다. 고객이 테스트하면서 프로그램 실행 속도가 늦으면 성능 개선을 요청합니다. 성능을 고려하지 않고 설계했다면, 프로그램의 여러 부분을 건드려야 하고 이에 영향을 받는 다른 부분까지 수정해야 되는 상황에 처하게 됩니다.

5) 대외 기관과 인터페이스할 경우, 대외 연계 작업 구현 시 애로 사항은 없는지 확인합니다

인터페이스는 Part 2에서 알아보았습니다. 업무에 따라 대외 기관과 연계해서 데이터를 주고받아야 하는 상황이 생깁니다. 시스템 구조적으로 대외 연계를 처리할 수 있는지, 다른 프로그램을 통해야 한다면, 사전에 준비해야 하는 사항은 무엇인지 등을 고려해야 합니다.

CHAPTER 03

프로그램 개발

실무에서 알아야 할 개념

실무 프로젝트에서 접하게 되는 개발 표준, 통합개발환경(IDE), 프레임워크 등 여러 개념에 대해서 하나씩 알아보도록 하겠습니다.

1) 개발 표준

요구 사항 분석 및 프로그램 설계가 완료되면 이제 프로그램 개발(코딩) 단계로 들어갑니다. 앞 두 단계보다는 개발에 집중도 잘되고 흥미진진하죠.

프로젝트에서는 혼자가 아니라 여러 사람이 함께 개발하므로 개발 표준이 필요합니다. 사람들의 성격이 다양하듯 개발자들의 코딩 스타일 또한 다채롭습니다. 표준 없이 자유롭게 코딩하라고 하면 어떨까요. 개발자 개개인은 코딩할 때 편할지 몰라도 결과물이 일관성이 없으므로 코드의 가독성이 많이 떨어질 겁니다. 다른 개발자가 자유롭게 코딩한 소스 코드를 보고 속으로 '멋지게 만들었는데. 나도 참고해야겠다'라고 할 수도 있지만, 경우에 따라 '이 따위로 코딩한 사람은 도대체 누구야'라고 느낄 수도 있어요.

표준에 맞게 소스코드를 작성하면, 사소한 오류를 방지하는 데 도움이 되고, 동료가 만든 코드를 쉽게 이해하고 분석할 수 있습니다. 기존 인력이 신규 인력으로 교체되더라도 해당 코딩 내용을 파악하는 데도 용이합니다. 개발 완료 이후 해당 프로그램을 인수받아 유지 보수를 하는 경우에도 편하게 프로그램을 관리할 수 있어요.

프로젝트를 진행하면서 '이러한 규칙을 적용하니 오류가 줄어들고, 생산성이 좋아졌다'는 데 프로젝트 구성원들이 서로 공감한다면, 개발 표준에 해당 규칙을 추가할 수도 있습니다. 개발 표준은 고정되어 있는 게 아니라 더 나은 결과를 위해 변화하고 개선되는 것이죠.

일반적으로 사용되는 개발 표준 중 일부분을 보면 다음과 같습니다.

(1) 변수 이름은 카멜 표기법(Camel Case)을 따르며 소문자로 시작한다

변수에 대해서는 하단 온라인 프로그램에서 자세히 알아보겠습니다. 카멜 표기법이란 여러 단어를 이어서 사용할 경우, 맨 앞 단어는 소문자로 시작하지만 이후 각 단어의 첫 글자를 대문자로 표기하는 원칙을 말합니다. 예를 들어, USER와 NAME을 이어서 변수명으로 지정하고 싶다면 userName처럼 사용합니다. 영어 Camel은 낙타를 의미하는데, 소문자와 대문자가 이어지는 모습이 낙타의 등과 같아서 이렇게 이름 지어졌어요.

(2) 변수 이름, 함수 이름을 정할 때는 이름만 보고도 기능을 어느 정도 예상할 수 있게끔 자세하게 명명하도록 한다

함수에 대해서도 201페이지 '온라인 프로그램'에서 자세히 알아보겠습니다. 소스 코드에 사용되는 변수 이름, 함수 이름에 대한 예를 들면 다음과 같으며, 후자가 훨씬 내용을 파악하기 쉽습니다.

```
// 변수
var a01 = 0;                          // 내용 파악하기 힘듦
var totalCostOfProduct = 0;           // 내용 파악하기 좋음

// 함수
function getAdr(userId){              // 내용 파악하기 힘듦
}
function getUserAddress(userId){      // 내용 파악하기 좋음
}
```

(3) 코드 작성 시 들여쓰기를 한다

키보드의 스페이스 또는 탭을 눌러 소스 코드에 공백 문자를 넣어 들여쓰기를 합니다. 소스 코드의 논리적인 흐름에 맞게 같은 깊이로 들여쓰기를 하면 가독성이 상당히 좋아집니다. 들여쓰기를 영어로 인덴트(Indent)라고 하며, 실무에서는 들여쓰기와 함께 인덴트라는 말을 많이 씁니다. 들여쓰기의 효과를 예를 들어 보겠습니다. function은 함수를 의미합니다. 이는 뒤에서 자세히 알아보겠습니다. 아래의 예제는 소스 코드가 많지 않아서 들여쓰기의 효과가 잘 드러나지 않지만, 코드의 양이 많아지고 로직이 복잡해지면 그 효과를 확실히 느낄 수 있습니다.

<들여쓰기를 안 한 경우>

```
function hello(value){
var name = value;
var msg1 = "안녕하세요.";
var msg2 = "님";
var resultMsg = msg1 + " " + name + " " + msg2;
alert(resultMsg);
}
```

<들여쓰기를 한 경우>

```
function hello(value){
        var name = value;
        var msg1 = "안녕하세요.";
        var msg2 = "님";
        var resultMsg = msg1 + " " + name + " " + msg2;
        alert(resultMsg);
}
```

(4) 프로젝트에서 제시한 형식에 맞게 주석을 단다

주석(Comment)은 프로그램의 기능에 대해서 자세히 설명하는 것을 말하며, 하단 온라인 프로그램에서 자세히 설명하도록 하겠습니다. 책에서 사용되는 주석과 같은 용도라고 이해하면 됩니다.

프로젝트에 투입되면 개발자는 개발 표준에 익숙해져야 합니다. 개발 표준을 따르는 것은 코딩의 기본이라고 할 수 있어요. 프로젝트에 따라서는 프로그램 오류뿐만 아니라 개발 표준을 지키지 않은 소스코드를 결함으로 처리하기도 합니다. 해당 결함들은 결함 대장에서 관리되므로, 지정된 기간 내에 수정되어야 합니다. 그렇지 않을 경우, 계속 재촉이 들어오고 관리를 받으므로 개발 생활이 피곤해져요.

개발을 완료하고 단위 테스트까지 마친 프로그램을 이후에 개발 표준에 맞게 고치는 작업을 진행할 경우, 오타 등의 이유로 인해 예상하지 못한 에러가 발생하기도 합니다. 당연히 그러한 에러를 잡는 과정은 짜증의 연속입니다. 단위 테스트 개념은 뒤에서 설명할 텐데, 개발자 스스로 본인이 만든 프로그램을 테스트하는 것으로 이해하면 됩니다.

평소에 개발 표준을 따르는 코딩 습관을 가지도록 노력해야 합니다. 노력의 결과로 소스 코드도 깔끔해지고, 가독성도 좋아지므로 자신의 개발 기본기 향상에 도움이 될 거예요.

2) 통합개발환경(IDE)

개발자는 편하고 쉽게 코딩하기 위하여 텍스트 에디터 또는 통합개발환경(IDE)이라는 프로그램을 사용합니다. 텍스트 에디터는 컴퓨터에 설치된 윈도우즈가 기본으로 제공하는 메모장과 유사한 프로그램입니다. 텍스트 에디터는 메모장과는 비교할 수 없을 정도로 다양한 기능을 제공합니다. 요즘은 너무 불편해서 메모장으로 코딩하는 사람은 찾아보기 어려워요.

실무에서는 텍스트 에디터보다는 통합개발환경(IDE)을 주로 사용하며, 이 도구는 코딩에 필요한 대부분의 기능을 제공합니다. 대부분의 기능이란 컴파일, 빌드, 배포 등을 말하며 다음 내용에서 하나씩 알아보겠습니다. 즉, 프로젝트에서는 편의와 생산성을 위해 통합개발환경(IDE)을 사용하는 거예요. IDE는 Integrated Development Environments의 약자이며, 개발에 도움을 주는 유용한 개발 툴(개발 도구)이라고 보면 됩니다.

조금 과장해서 비유해 볼까요. 땅을 판다고 가정하면, 메모장은 사람의 손에 해당하고, 텍스트 에디터는 삽에 해당하며, 통합개발환경(IDE)은 포클레인에 해당한다고 볼 수 있어요.

IDE 종류에는 무료로 제공되는 Eclipse, JetBrains사의 IntelliJ, 애플사가 개발한 Xcode, 마이크로소프트사가 개발한 Visual Studio 등이 있습니다.

위에서 설명한 IDE 제품에 대해 좀 더 자세히 알아보겠습니다.

(1) Eclipse

무료로 사용할 수 있으며, 프로젝트 개발 현장에서는 대부분 개발 툴(개발 도구)로 Eclipse를 사용합니다.

http://www.eclipse.org/downloads에서 다운로드 받을 수 있어요.

(2) IntelliJ

유료이지만, Eclipse보다 상대적으로 가볍고 안정적이므로 IntelliJ를 선호하는 개발자들도 상당수 있어요. 참고로 Community 버전은 무료로 사용할 수 있지만, 기능이 제한적입니다.

http://www.jetbrains.com/idea에서 다운로드 받을 수 있어요.

(3) Xcode

무료로 사용할 수 있으며, iOS 앱 개발 시 사용합니다. 애플 앱 스토어에서 다운로드 받을 수 있어요.

(4) Visual Studio

유료이며, C, C++, C# 등을 개발할 때 많이 사용합니다.
https://visualstudio.microsoft.com/ko/downloads에서 다운로드
받을 수 있어요.

3) 컴파일

Part 1에서 컴파일에 대해서 알아보았는데요. 프로그래밍 언어로 코
딩하면, 컴파일러가 소스 코드를 컴파일해서 컴퓨터가 이해할 수 있는
0, 1로 이루어진 기계어로 변환해 준다고 했습니다.

컴파일의 또 다른 장점은 코딩한 문장에 오류가 있는지 사전에 체크
해 준다는 거예요. 즉, 컴파일 오류가 발행하였다는 로그를 확인하면
개발자는 해당 부분을 수정합니다. 로그는 컴파일이 잘 진행되고 있는
지, 어디서 에러가 발생하였는지 알려 주는 안내문이라고 보면 됩니다.
IDE에는 컴파일 및 로그 기능이 탑재되어 있습니다.

물론 컴파일의 장점이 단점이 될 수도 있습니다. 즉, 아주 작은 부분
을 수정하더라도 반드시 컴파일을 해야 컴퓨터가 인지한다는 것이죠.
프로그램을 수정하였는데 컴파일하지 않으면 어떻게 될까요. 그렇죠.
컴퓨터는 수정한 것을 알지 못합니다. 개발자가 바라보는 소스코드와
컴퓨터가 바라보는 컴파일된 코드는 서로 달라요. 프로그램에 에러가
있어 소스코드는 수정하였지만, 깜빡하고 새로 컴파일하지 않아서 컴
파일 코드가 이전 버전으로 남아 있다면 프로그램 실행 시 에러는 계
속 발생하게 됩니다. 버전이란 언제 수정되었는지를 알려 주는 일련번
호를 말합니다. 프로그램을 수정할수록 버전은 올라갑니다.

따라서 프로그램을 수정했다면, 컴퓨터가 수정한 것을 알 수 있게끔

다시 컴파일하는 것을 잊지 말아야 합니다. 프로그램 수정을 힘들게 해 놓고도 실수로 컴파일하지 않아서 '왜 수정했는데 프로그램이 제대로 돌아가지 않는 거지?' 하고 고민하는 경우가 생기지 않게 말이에요.

IDE에는 컴파일 기능이 들어 있다고 했습니다. IDE에서 코드 수정 후 저장을 하면 자동으로 컴파일이 되어, 소스 코드와 컴파일 코드의 버전이 일치하게 됩니다. 개발자가 수동으로 컴파일하지 않아도 되기에 편리하죠.

4) 빌드

빌드(Build)는 만든다는 의미인데 무엇을 만들까요. 서버에 배포하기 위한 '실행 파일 묶음'을 만든다고 보면 됩니다. 서버는 서버 프로그램이 실행되는 공간이라고 보면 됩니다. 실행 파일 묶음 속에는 컴파일된 파일들도 들어 있습니다. 바로 뒤에서 다룰 배포는 서버에 실행 파일 묶음을 집어넣는 것을 말하며, 서버 내에서 배포된 실행 파일이 동작하면서 프로그램이 돌아가고 기능을 발휘하는 걸 말합니다. 빌드 기능도 IDE에 포함되어 있습니다.

실무에서는 크고 작은 여러 프로젝트를 수행하는데 그중에는 차세대 프로젝트도 있습니다. 차세대 프로젝트는 Part 3의 'CHAPTER 03. 업무 중심 개발자(업무단 개발자)'에서 다루었는데요. 차세대라는 말은 다음 세대라는 의미로, 프로젝트를 통해서 기업의 시스템 전체를 완전히 새롭게 바꾸는 경우에 사용합니다.

차세대 프로젝트는 규모가 크기에 많은 수의 팀들이 있고, 그 팀들이 만들어 내는 소스 코드의 양도 상당히 많고 구조도 복잡합니다. 그 많은 프로그램들을 빌드하려면 엄청난 시간이 소요되는데요. 환경 설정을 제대로 안 한 경우에는 전체 빌드를 실행하면 반나절 정도가 걸리기도 합니다. IDE는 다양한 옵션을 가지고 있는데 이러한 옵션을 프로젝트에 맞게 설정하는 것을 환경 설정이라고 해요. 어떤 개발자는 빌드 시간이 오래 걸리므로 퇴근 시간이 다가올 쯤에 전제 빌드를 실행하고 퇴근하기도 하는데요. '그 정도로 프로그램 개수가 많은 프로젝트도 있구나'라고 생각하면 되겠어요.

5) 배포

배포(Deploy)는 서버에 프로그램 실행 파일 묶음을 집어넣는 것이라고 하였습니다. 개발자가 개발 PC에서 코딩을 해서 그 결과물을 서버에 배포하는 것이에요. 현장에서는 "테스트 서버에 배포했나요?", "테스트 서버에 반영했나요?", "테스트 서버에 올렸나요?"처럼 동일한 의미를 다양하게 표현합니다.

서버에 대해서 조금 더 알아볼까요. 소프트웨어 관점의 서버는 서버 프로그램이 실행되는 공간이라고 보면 되며, 하드웨어 관점의 서버는 기업에서 업무 처리를 위해 사용하는 대형 컴퓨터라고 보면 됩니다. 기능에 따라 개발 서버, 테스트 서버, 운영 서버로 나누어집니다.

개발 서버는 개발자들이 만든 결과물이 제대로 동작하는지 확인하는 용도입니다. 개발자가 코딩 시 사용하는 개발 PC에서도 결과물을 실행해서 프로그램이 제대로 돌아가는지 확인할 수 있지만, 다른 개발자들이 만든 결과물들과 어우러져 어떻게 동작하는지 보기 위해서 개발 서버에 올려서 테스트를 합니다. 이처럼 여러 개발자들이 만든 결과물을 함께 테스트하는 것을 '통합 테스트'라고 해요. 개발자가 코딩한 결과물을 독립적으로 테스트하는 것을 '단위 테스트'라고 하고요.

프로젝트 상황에 따라 개발자 PC에서는 정상적으로 테스트를 할 수가 없는 경우 코딩은 개발자 PC에서 하지만, 테스트는 개발 서버에서 하기도 하는데요. 이런 경우에는 개발자 PC에서 코딩 결과를 바로 바로 확인하지 못하고, 매번 개발 서버에 올려서 테스트해야 하기에 개발 시간이 더 많이 소요됩니다. 이 때문에 여기저기서 개발자들이 짜증내는 소리도 쉽게 들을 수 있어요. 뒤에서 나올 '형상 관리'를 사용하여 개발자 PC에서 개발 서버로 결과물을 올리게 되는데, 올라가는 시간이 1분 이상 걸리는 경우도 있답니다. 1분이라는 시간이 하루 동안 모이면 엄청나겠죠? 개발 서버에서 테스트를 마치면, 이후 테스트 서버에 반영하게 됩니다.

테스트 서버는 운영 서버와 거의 동일한 환경을 갖춘 서버입니다. 개발 서버만 있으면 되지 왜 테스트 서버가 존재해야 하는지 궁금할 텐데요. 운영 서버에는 24시간 동안 멈추지 않고 돌아가야 할 다양한 기능들이 서비스되고, 외부로 함부로 공개되면 안 되는 개인정보 등이 들어 있습니다. 그래서 운영 서버의 서비스와 정보들이 테스트 서버에도 들어 있는데요. 운영 서버와는 달리 테스트 서버에서는 테스트 중 장애가 발생하거나, 프로그램 오류로 인하여 중요한 데이터가 삭제되더라도 크게 심각한 일이 되지 않습니다. 하지만 운영 서버라면 엄청난 결과가 초래되겠죠.

테스트 서버에서 최종 검증을 마치면, 비로소 운영 서버로 반영이 됩니다. 프로젝트에 따라서 테스트 서버 대신에 검증 서버, 스탠바이 서버라고 부르기도 합니다.

운영 서버는 실제로 대외로 서비스되는 서버입니다. 성능도 개발·테스트·운영 3개 서버 중에서 가장 뛰어나며, 365일 잠시도 중단되지 않도록 철저히 관리되고 있습니다. 중요한 서비스 및 정보들이 들어 있으므로 보안을 위해서 서버에 접속할 수 있는 권한도 소수 인원에게만 주어집니다. 여러분도 언론에서 시스템 보안의 중요성을 많이 들어 보았을 겁니다.

정리하면 개발자가 코딩을 완료하면, '개발 서버 → 테스트 서버 → 운영 서버' 순으로 배포(반영)됩니다. 참고로 개발자 PC에 설치된 로컬 서버에 배포하는 경우에는 IDE와 로컬 서버가 연동하므로, IDE를 통해서 로컬 서버에 배포를 합니다. 실무에서는 개발자 PC를 '로컬(Local)'이라고 표현합니다.

6) 프레임워크

프레임워크는 개발자가 개발 표준을 준수하여 개발할 수 있도록 다양한 라이브러리와 개발 시 유용한 기능을 제공하는 솔루션(프로그램)입니다. 라이브러리에는 개발 시에 참조해서 사용할 수 있는 다양한 프로그램들이 들어 있습니다. 개발자가 만드는 프로그램은 프레임워크라는 큰 구조 내에서 실행됩니다. 프레임워크를 사용함으로써 개발 생산성을 높이고, 유지 보수를 용이하게 할 수 있습니다. 좀 더 단순하게 바라본다면 프레임워크는 여러 라이브러리들의 집합이라고 볼 수 있습니다.

실무에서는 Spring이라는 무료 프레임워크도 사용하지만, 중·대형 프로젝트에서는 유료로 제품화되어 제공되는 상용 프레임워크를 더 많이 사용하며 해당 상용 프레임워크는 IDE에 통합되어 제공됩니다. 즉, 수행사가 개발자에게 제공하는 IDE 내에는 프레임워크가 이미 탑재되어 있는 것이죠. 기존에 무료로 제공되는 Eclipse IDE를 커스터마이징(Customizing)하고, 오픈소스 라이브러리와 소프트웨어 개발 회사에서 자체적으로 만든 라이브러리를 추가하여 상용 프레임워크를 만듭니다. 커스터마이징이란 기존 프로그램을 사용 목적에 맞게끔 수정하는 작업을 말합니다.

7) 디버깅

프로그램에서 발생한 에러를 버그(Bug)라고 하고, 버그를 고치는 작업을 '디버깅(Debugging)'이라고 합니다. 아시다시피 버그는 벌레를 의미하는데, 왜 프로그램 에러를 버그라고 칭했을까요? C 언어가 개발되던 시절에 컴퓨터 오류를 해결하던 중 뜻밖에도 오류 원인이 기계 속의 죽은 나방 때문이었고, 이때부터 프로그램 에러를 버그라고 부르기 시작했다고 합니다. 재미있는 일화인 것 같아요.

에러 해결이 쉬울 수도 있지만, 경우에 따라서 코딩한 시간보다 에러 해결하는 시간이 더 오래 걸릴 수도 있어요. 언제까지 개발 완료 가능할 것이라고 예상한 것도, 예상하지 못한 에러를 해결하느라 많은 시간을 소비하여 결국은 일정을 맞추지 못하는 난감한 상황이 자주 발생하기도 합니다.

디버깅 시 사용하는 프로그램을 '디버거(Debugger)'라고 하며, 마찬가지로 IDE에서 디버깅 기능을 제공합니다. 개발자는 디버거를 사용하여 프로그램 내 코드를 한 라인씩 추적하면서 어디가 에러의 원인인지 찾아 나갑니다. 개발 환경 구축 시 디버깅을 할 수 있도록 설정해야 디버깅이 가능합니다. 디버거를 사용하여 효과적으로 디버깅을 해야지만 프로그램의 버그를 잡는 시간을 단축할 수 있고, 개발 일정을 맞출 수 있습니다.

업무단의 서비스 프로그램 개발에서는 위에서 설명한 IDE의 디버깅 기능을 사용하는데, 웹 프로그램을 개발하면서 웹 화면(HTML 등)에 발생한 에러를 처리하려면 어떻게 해야 할까요? 웹 화면을 디버깅하기 위해서는 웹 브라우저에서 제공하는 '개발자 도구'를 사용하면 됩니다. 실무에서는 웹 브라우저로 인터넷 익스플로러(Internet Explorer), 크롬(Chrome) 등을 사용하는데, 개발자들은 크롬을 더 선호합니다.

그림 5-5. 크롬 개발자 도구

8) 형상 관리

개발자가 만든 소스 코드의 버전을 관리하는 것을 형상 관리라고 하며, 형상 관리를 처리하는 여러 무료 또는 유료 프로그램(솔루션)이 프로젝트에서 사용되고 있습니다. 형상 관리 프로그램을 형상 관리 툴(도구)이라고 부르기도 하며, 형상 관리 프로그램이 설치된 서버를 형상 관리 서버라고 합니다. 형상 관리 프로그램은 체크아웃(Check-out), 커밋(Commit), 업데이트(Update), 동기화(Synchronize) 등의 기능을 가지고 있습니다. 해당 기능을 간략하게 살펴보겠습니다.

'체크아웃'은 최초 한 번 수행하며, 프로그램을 형상 관리 서버로부터 로컬로 내려 받는 것을 말합니다. 프로그램을 내려 받으면 프로그램 우측에 버전이 표시됩니다.

'커밋'은 내가 만든 프로그램을 형상 관리 서버로 올리는 작업을 말하고, '업데이트'는 로컬에 있는 프로그램을 형상 관리 서버에 있는 최신 버전으로 업데이트하는 작업을 말하며, '동기화'는 로컬에 있는 프로그램과 형상 관리 서버에 있는 최신 버전 사이에 어떤 차이점이 있는지 확인하는 작업을 말합니다.

예를 들면 다음과 같습니다. A 개발자가 프로그램(Hello.java)을 만들어 커밋을 하면 형상관리 서버에 버전 0.1이라고 기록되고, 하루 뒤에 소스 코드 한 줄을 추가한 후 커밋을 하면 형상 관리에 버전 0.2로 기록됩니다. 로컬과 형상 관리 서버는 서로 동기화되므로 로컬의 프로그램 우측에도 버전이 동일하게 표시됩니다.

B 개발자는 A 개발자와 함께 동일한 프로그램(Hello.java)을 개발합니다. B 개발자가 로컬에 있는 프로그램(Hello.java)의 버전을 확인하니 버전 0.1이고, 형상 관리 서버로부터 최신 버전을 받기 위해서 업데이트를 하니 버전 0.2가 되었습니다. 이 후, 원하는 부분을 수정한 다음 커밋을 하면 형상 관리 서버에 버전 0.3이라고 기록됩니다. 마찬가지로 로컬의 프로그램 우측에도 버전이 동일하게 표시되죠.

형상 관리 프로그램을 사용하면서 주의할 점은 나 혼자만 개발하는 프로그램이 아니라면 로컬에서 프로그램을 수정하기 전에 반드시 업데이트를 먼저 받아야 한다는 것이에요. 다른 개발자가 수정한 최신 버전의 프로그램이 형상 관리 서버에 올라가 있을 수 있기 때문이죠. 즉, 로컬에서 작업한 프로그램을 커밋했을 시, 형상 관리 서버에 있는 버전보다 낮을 경우 프로그램 충돌이 발생할 수 있으므로 업데이트를 먼저 수행해야 합니다.

9) 오픈 소스(Open Source) 소프트웨어, 클로즈드 소스(Closed Source) 소프트웨어

오픈 소스(Open Source) 소프트웨어는 여러 사람들이 자유롭게 사용할 수 있도록 소스 코드를 공개한 소프트웨어를 말합니다. 오픈 소스 라이브러리가 대표적인 예입니다. 거의 모든 프로젝트에서는 오픈 소스를 활용하여 개발을 진행하고 있습니다. 직접 만들어도 되지만 검증된 오픈 소스를 사용하면 개발 시간을 절약할 수 있어요.

소스 코드가 공개되어 있으므로, 코드 분석에 자신의 시간을 투자할 수 있다면 잘 짜인 코드를 공부하고 익힐 수 있으므로 코딩 실력 향상에 많은 도움이 됩니다.

클로즈드 소스(Closed Source) 소프트웨어는 돈을 지불해야만 사용할 수 있는 상업적으로 개발된 소프트웨어를 말합니다. 예를 들어 마이크로소프트사에서 개발한 오피스 프로그램이나 위에서 알아본 유료 IDE, 상용 프레임워크 등이 해당합니다.

온라인 프로그램

사용자가 화면을 사용하면서 업무를 진행하면, 시스템 내부적으로 화면과 연결된 프로그램이 실행됩니다. 이처럼 화면과 내부 프로그램이 연동할 때 실시간으로 실행되는 프로그램을 온라인(Online) 프로그램이라고 합니다.

Part 2에서 채널단 개발 프로젝트에서는 화면 프로그램에 대응되는 서버 프로그램 개발을 위해서 Java를 사용하며, 업무단 개발 프로젝트에서는 화면 프로그램에 대응되는 서버 프로그램 개발을 위해서 Java, C, Pro*C를 사용한다고 하였습니다. 그리고 업무단 개발 프로젝트에서는 서버 프로그램을 일반적으로 서비스 프로그램이라고 부른다고 했어요. 요컨대, 화면 프로그램에 대응되는 서버 프로그램과 서비스 프로그램을 온라인 프로그램이라고 이해하면 됩니다.

온라인 프로그램에서 중요한 요소는 변수, 함수, 인자(파라미터), 반환(리턴), 조건문, 반복문, 주석 등 7가지입니다. 프로그램 파일을 열면 수많은 코드들이 보이지만 7가지의 요소가 중심을 이룬다고 보면 됩니다. 처음에는 당연히 다음에 설명하는 내용을 이해하기 어려울 것입니다. 본 서적은 프로그래밍 언어 이론에 대한 설명에 주안점을 둔 것이 아니므로 부담 없이 마음 편하게 읽어 보기를 바랍니다. 그러면 해당 요소들을 하나씩 알아보겠습니다.

1) 변수

변수는 소스 코드 내에서 숫자, 영문, 한글, 기호, 공백 등 데이터를 저장하는 공간입니다. 참고로 변수에 저장된 값은 컴퓨터 메모리에 위치하게 됩니다.

(1) 지역 변수

변수를 함수 안에서 선언할 경우, 지역 변수라고 합니다. 지역 변수
는 함수 내에서만 접근 가능하고, 함수 밖에서는 접근할 수 없습니다.
즉, 함수 밖에서는 지역 변수의 값을 볼 수도 없고, 지역 변수에 값을
설정할 수도 없습니다.

(2) 전역 변수

변수를 함수 밖에서 선언할 경우, 전역 변수라고 합니다. 함수 안과
밖에서 전역 변수에 접근할 수 있습니다.

전역 변수를 소스코드에서 너무 많이 사용하면, 실수가 발생했을
때 디버깅하는 데 어려움을 겪을 수 있어요. 전역 변수의 값을 출력했
는데 원하는 값이 나오지 않을 경우, 어떤 코드에서 해당 값을 덮어 썼
는지 추적해 나가기가 생각보다 쉽지 않기 때문입니다. 프로젝트 현장
에서도 특수한 경우를 제외하고는 지역 변수 사용을 권장합니다.

(3) 변수 선언

'var name;'처럼 변수명을 정의하는 것을 변수 선언이라고 합니다.
JavaScript는 변수 선언을 위해 변수명 앞에 var라는 키워드를 사용합
니다. 한 라인의 소스 코드 마지막에는 세미콜론(;)을 사용하여 '소스
코드의 끝'을 나타냅니다.

(4) 변수에 값 할당

변수에 값 할당이란 'name = "홍길동";'처럼 선언된 변수에 값을 할당하는 것을 말합니다. 변수 선언과 값 할당을 한번에 할 수도 있겠죠? 그렇죠. 'var name = "홍길동";'처럼 선언과 할당을 동시에 할 수 있으며, 이는 변수에 초기 값을 할당할 필요가 있을 때 사용합니다.

2) 함수

함수(Function)는 특정 기능을 처리하는 '소스 코드의 묶음'이라고 보면 됩니다. 함수 내부에 여러 라인의 소스 코드가 들어 있기에 묶음이라고 표현하였어요. 함수는 간단한 기능을 처리할 수도 있지만, 복잡한 기능을 처리하는 경우도 많습니다.

A라는 기능을 처리하는 소스 코드 10개 라인을 함수 내부에 집어넣은 후, 다른 소스 코드에서 A 기능을 사용하기 위해서는 간단히 그 함수를 호출하면 되므로, 함수는 코드 중복을 피하게 도와줍니다. 즉, 함수를 활용하면 코드를 재사용할 수 있는 것이죠.

'코드를 중복해서 여러 곳에 사용하는 것도 코드 재사용 아닌가'라고 의문이 들 수도 있는데요. 재사용이라는 것은 동일한 코드를 단순히 복사해서 사용할 때 쓰는 말이 아니라, 함수와 같이 모듈로 만들어서 사용할 때 일컫는 말입니다. 모듈이란 기능들의 묶음을 의미하며, 함수에는 하나의 기능이 들어갈 수도 있고, 2개 이상의 기능이 들어갈수도 있습니다. 즉, 어떤 함수를 만들지 설계하기 나름입니다.

위의 예에서 A 기능을 처리하는 소스 코드 10개 라인이 함수 내부에 들어간다고 했는데요. 바로 뒤에서 설명하지만, 함수 본문은 {와 } 사이에 위치합니다. 함수가 복주머니처럼 소스 코드 10개 라인을 감싸고 있는 것이죠. 만약 함수를 사용하지 않고 여러 곳에 그 10개 라인을 복사해서 사용한다면, 동일한 코드가 중복 사용됩니다. 소스 코드 10개 라인 중에서 일부분을 수정해야 한다면, 여러 곳을 고쳐야 하는 번거로움이 생기죠. 그러므로 여러 곳에서 10개 라인의 코드를 중복해서 사용하는 대신에 하나의 함수를 호출한다면, 해당 함수만 수정하면 되므로 작업이 간단하고 소스 코드 관리도 편합니다. 참고로 프로그래밍 언어에 따라 함수를 메서드라고 부르기도 합니다.

(1) 함수의 구조

프로그래밍 언어에 따라 문법은 조금씩 다르지만, 기본 구조는 거의 동일합니다. 화면 개발 시 사용하는 JavaScript의 함수 구조는 다음과 같습니다.

① 함수는 function이라는 단어로 시작합니다. 서로 간에 function은 함수를 의미한다고 미리 약속한 것입니다. 그래서 소스 코드 상에 function이라는 단어가 보이면, '아, 함수를 정의하고 있구나'라고 알면 됩니다.

② 함수 이름 뒤에 소괄호, 즉 '( )'를 붙입니다.

③ 함수의 본문이 되는 소스 코드는 {와 } 사이에 위치하게 됩니다.

④ 한 라인의 소스 코드 마지막에는 세미콜론(;)을 사용하여 '소스 코드의 끝'을 나타냅니다.

⑤ 인자는 필수가 아니므로 함수에게 넘겨줄 인자 값이 있을 경우에만 사용합니다. 인자가 있으면 소괄호 사이에 인자를 적으며, 인자가 2개 이상이라면 콤마(,)를 사용하여 구분합니다. 실무에서

인자를 '파라미터'라고 더 많이 부릅니다.

⑥ 함수가 값을 반환(리턴)한다면 함수 본문 마지막에 return 문장을 사용합니다. return 문장이 실행되면 값을 반환(리턴)하고 함수는 실행이 종료됩니다. 예를 들어, 함수 마지막에 'return 3;' 문장이 실행되면 3이 반환(리턴)되고 함수의 실행은 종료되는 것이죠. return;처럼 return 문장 뒤에 반환할 값을 적지 않는다면, 함수는 값을 반환(리턴)하지 않고 바로 종료됩니다.

인자에 따라 달라지는 함수의 구조는 다음과 같습니다.

① 인자 없는 경우

```
function 함수이름(){
        소스 코드;
}
```

(a) 함수 이름 뒤에 소괄호( )를 붙입니다.

(b) 소스 코드 마지막에는 세미콜론(;)을 사용합니다.

② 인자 1개 있는 경우

```
function 함수이름(인자){
        소스 코드;
}
```

(a) 인자가 있으면 소괄호 사이에 인자를 적습니다.

③ 인자 2개 있는 경우

```
function 함수이름(인자, 인자){
        소스 코드;
}
```

(a) 인자가 2개 이상이라면 콤마(,)를 사용하여 구분합니다.

④ 인자 2개 있고, 값을 리턴 하는 경우

```
function 함수이름(인자, 인자){
        소스 코드;
        return 값;
}
```

(a) return 문장을 사용하여 값을 반환(리턴)합니다.

앞에서 다룬 개발 표준에 사용한 예제를 조금 수정하여 재사용하도록 하면 다음과 같습니다.

```
function hello(value1, value2){
        var name = value1;
        var product = value2;
        var msg1 = "안녕하세요.";
        var msg2 = "고객님. 주문하신 상품은";
        var msg3 = "입니다";
        var resultMsg = msg1 + " " + name + " " + msg2
+ " " + product + " " + msg3;
        return resultMsg;
}
```

(2) 함수 호출

인자 값 여부에 따라 '함수 이름( )', '함수 이름(인자 값)' 형식으로 호출하면 됩니다. 상단의 함수를 호출하려면 'hello("홍길동", "마우스");'처럼 하면 됩니다. 함수를 호출한 결과 변수 resultMsg에는 "안녕하세요. 홍길동 고객님. 주문하신 상품은 마우스입니다."라는 값이 입력됩니다.

3) 조건문

특정한 조건을 만족할 경우에만 소스 코드를 실행하기 위하여 조건문을 사용합니다. if와 else라는 키워드를 사용하여 조건문을 만듭니다.

조건문의 구조는 다음과 같습니다.

```
if(조건){
        소스 코드 1;
}else{
        소스 코드 2;
}
```

① 함수의 본문과 마찬가지로 조건문의 본문이 되는 소스 코드는 {와 } 사이에 위치합니다.
② 조건을 만족하면, 소스 코드 1이 실행됩니다.
③ 조건을 만족하지 않으면, 소스 코드 2가 실행됩니다.

조건문의 예제는 다음과 같습니다.

```
function condition(value){
        if(value >= 10){
                alert("입력한 값은 10보다 크거나 같습니다.");
        }else{
                alert("입력한 값은 10보다 작습니다.");
        }
}
```

'condition(12);'처럼 상단의 함수를 실행하면, 화면에 "입력한 값은 10보다 크거나 같습니다."라는 메시지가 출력됩니다. 'alert()' 함수는 입력한 값을 화면에 출력하는 기능을 수행합니다.

4) 반복문

특정한 조건을 만족할 경우 소스 코드를 반복해서 실행하기 위하여 반복문을 사용합니다. for라는 키워드를 사용하여 반복문을 만듭니다.

반복문의 구조는 다음과 같습니다.

```
for(시작부; 조건부; 증감부){
    소스 코드;
}
```

반복문의 실행 순서는 다음 그림과 같습니다.

for(시작부; 조건부; 증감부){

　소스 코드;

}

그림 5-5. 반복문 실행 순서

① 함수의 본문과 마찬가지로 반복문의 본문이 되는 소스 코드는 {와 } 사이에 위치합니다.

② 반복문의 실행 과정은 다음과 같습니다.

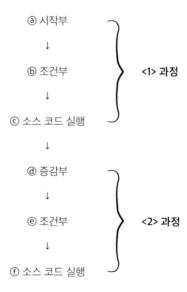

* 〈1〉 과정

② 조건부가 만족하면, ③ 소스 코드를 실행하고

② 조건부가 만족하지 않으면, 반복문은 종료됩니다.

* 〈2〉 과정

④ 증감부가 실행된 후, ⑤ 조건부가 만족하면, ⑥ 소스 코드를 실행하고

④ 증감부가 실행된 후, ⑤ 조건부가 만족하지 않으면, 반복문은 종료됩니다.

* 단, 〈1〉 과정은 최초 1회만 수행되고, 이후 〈2〉 과정이 반복됩니다.

반복문의 예제는 다음과 같습니다.

```javascript
function loop(value){
    for(var i=0; i<10; i++){
        alert(i);
    }
}
```

(a) 시작부에 var i=0처럼 변수의 시작 값을 입력합니다.

(b) 조건부에 시작부의 변수 i를 체크하는 조건식을 입력합니다. 변수 i가 10보다 작은지 체크하기 위하여 i < 10을 입력합니다.

(c) 증감부에 시작부의 변수 i를 순차적으로 증가시키고자 한다면 i++, 순차적으로 감소시키고자 한다면 i--를 입력합니다.

loop(10);처럼 상단의 함수를 실행하면, 화면에 0부터 9까지 숫자를

출력합니다.

5) 주석

책에서 사용하는 주석의 용도처럼, 소스 코드에 대한 설명을 달 때 주석을 사용합니다. 컴퓨터는 소스 코드에서 주석을 만나면 무시하고 지나갑니다. JavaScript, Java 경우, 한 줄 주석은 //, 여러 줄 주석은 /**/를 사용합니다.

소스 코드에 주석을 잘 달아야 하는 이유는 시간이 지나면 본인조차 왜 이렇게 만들었는지 모를 수 있기 때문입니다. 필자도 두어 달 전에 개발한 소스 코드를 주석 없이 보면, 어떤 요건을 처리하기 위한 코드인지, 왜 이렇게 해야만 했는지 파악하는 데 시간이 걸립니다.

주석이 없더라도 시간을 투자해서 소스 코드를 읽고 분석하면 어떻게 동작하는지 어느 정도는 파악할 수 있지만, 특히나 다른 사람이 개발한 소스 코드에 대해서 업무 요건이 무엇인지, 왜 이렇게 코딩했는지 등을 주석 없이는 제대로 파악하기 힘듭니다.

주석의 내용은 애매모호하지 않고 명확해야 하며, 개발자가 주지해야 할 내용을 포함해야 합니다. 간혹 개발 일정에 쫓겨서 주석 달기를 나중으로 미루는 개발자가 있는데, 이럴 경우 업무 요건이 어떻게 되는지, 내가 왜 이렇게 코딩했는지 기억나지 않게 되어, 주석 내용은 신경 쓰지 않고 형식적으로만 대충 작성하는 문제가 생기기도 합니다.

프로그램을 수정하면 해당 부분과 관련된 주석 내용도 업데이트해야 합니다. '주석 내용이랑 소스 코드랑 다르잖아. 코딩이 아직 미완료 상태인지 아니면 주석이 잘못된 건지 모르겠네'처럼 업데이트되지 않은 주석 내용은 개발자를 혼돈 속에 빠뜨릴 수 있습니다.

6) 코드 리뷰/동료 검토

개발자가 코딩한 소스 코드를 팀의 동료들과 함께 리뷰하는 것을 코드 리뷰 또는 동료 검토라고 합니다. 다양한 경력과 경험을 가진 개발자들이 자신이 작성한 코드를 어떻게 구현하였는지, 장점은 무엇인지, 다른 대안은 있는지 등을 설명하고 논의하는데요. 이러한 과정 속에 상대적으로 경력이 적은 개발자 또는 신입 개발자는 배우고 익혀서 자신의 실력을 향상시킬 수 있습니다. 내가 보지 못한 결함을 다른 사람이 찾아주거나, 더 좋은 구현 방법들이 도출되기에 소스 코드의 품질을 높이는 기회도 됩니다.

개인에 따라 동료 검토 시간이 아깝다고 느낄 수도 있지만, 팀 전체의 코드 수준이 높아지고, 잠재적인 프로그램 오류를 사전에 제거할 수 있기에 개발 생산성을 높이는 계기가 될 수 있습니다. 또한 동료 검토에서 나온 좋은 개선안은 개발 표준에 추가할 수도 있습니다.

배치 프로그램

온라인 프로그램과 달리 배치(Batch) 프로그램은 사용자가 화면을 사용함에 따라 시스템 내부적으로 발생하는 요청에 의해서 실시간으로 실행되는 프로그램이 아닙니다. 배치 프로그램은 정해진 시간에 자동으로 실행되며, 여러 작업들을 일괄 처리하는 프로그램입니다. 배치 프로그램이 실행되는 주기는 시간 단위, 일 단위, 주 단위, 월 단위 등 업무 요건에 따라 다양합니다.

메일을 발송하는 프로그램을 예를 들어 보겠습니다. 사용자가 화면에서 '발송' 버튼을 클릭했을 때 실시간으로 메일을 발송하는 프로그램이라면 해당 프로그램은 온라인 프로그램이며, 매일 오전 6시에 회원 모두에게 일괄적으로 메일을 발송하는 프로그램이라면 해당 프로그램은 배치 프로그램입니다.

온라인 프로그램에서 알아본 중요한 7가지 요소를 알고 있으면 배치 프로그램을 개발할 수 있는 기본은 마련된 것입니다. 프로젝트마다 프레임워크가 지원하는 기능에 부합하는 배치 프로그램을 개발하는 가이드가 제공되므로 해당 가이드에 맞게 개발하면 됩니다.

CHAPTER 04

프로그램 테스트

단위 테스트

프로그램 개발 이후 테스트 단계를 거쳐야만 개발한 프로그램이 요건에 맞게 구현되었는지, 오류 없이 정상적으로 동작하는지, 보완할 사항은 없는지 등을 확인할 수 있습니다.

프로젝트에 들어가면 고객사에서 데스크톱 PC를 제공합니다. 간혹 여건이 되지 않을 경우에는 개발자가 개인 노트북 PC를 가지고 들어가기도 해요. 개발자는 PC에 개발 환경을 구축하고 자신에게 할당된 개발 목록의 일정에 맞게 개발을 합니다. 개발을 하면 소스 코드가 만들어지고 제대로 동작하는지 테스트를 해야 되는데요. 개발자가 개발한 결과물을 개별적으로 테스트하는 것을 '단위 테스트(Unit Test)'라고 합니다. 단위 테스트는 보통 개발자 PC에서 수행하며, 개발자 PC를 '로컬(Local)'이라고 합니다. 현장에서는 "로컬에서 테스트했는데 A라는 결과가 출력됩니다", "로컬에서 테스트했을 때는 결과가 정상이었는데, 개발 서버에 올려서 테스트하면 에러가 발생합니다"라는 말을 자주 들을 수 있어요.

단위 테스트를 위해 내가 만든 화면 프로그램과 서버 프로그램이 제대로 동작하는지 로컬에서 테스트합니다. 화면 프로그램의 요청에 대해서 서버 프로그램이 정상적으로 응답을 주는지, 서버 프로그램 내 소스 코드, 컴포넌트 등이 정상적으로 동작하는지, 화면 프로그램이 서버 프로그램의 응답을 정상적으로 출력하는지 등을 확인합니다.

단위 테스트 시 중요하게 확인할 사항이 있습니다. 서버 프로그램에는 수백 또는 수천 라인의 소스 코드가 들어 있고, 해당 소스 코드들은 고객의 업무 요건을 구현하기 위해 다양한 로직을 처리합니다. 예를 들어, 서버 프로그램에는 10개의 로직이 들어 있다고 가정합니다. 화면 프로그램에서 조건을 달리하여 9개의 로직은 정상적으로 테스트하였지만, 나머지 1개의 로직은 테스트하지 못했습니다. 설상가상으로 그 로직은 개발할 때 요건이 명확하지 않거나 설계가 미흡하여 불완전하게 개발된 상태입니다.

이 경우, 프로그램이 문제없이 정상적으로 동작하는 것처럼 보이지만, 나머지 1개의 로직을 테스트하지 못한 상태이므로 통합 테스트 시에러가 발생하는 경우가 자주 있습니다. 통합 테스트는 아래 부분에서 설명합니다.

단위 테스트는 개발 중에 진행되기에 프로그램 에러가 발생하더라도 어렵지 않게 수정할 수 있지만, 통합 테스트는 개발한 시점에서 멀어진 상태에서 진행되기에 개발자가 에러 원인을 찾기가 어려울 수 있습니다.

넉넉한 시간이라도 주어진다면 에러를 해결하는 데 큰 어려움이 없겠지만 통합 테스트 단계에서는 결함이 끊임없이 밀려오기에 프로그램 에러를 분석하고, 로직을 보완하며, 필요시 타 팀과 협의하기가 현실적으로 어려운 것이 사실입니다. 그러므로 단위 테스트 시 프로그램이 가지고 있는 로직 모두를 테스트하는 습관을 가져야 나중에 힘들지 않습니다.

로컬에서 단위 테스트를 하면서 에러가 발생하면, 디버깅을 하면서 문제를 해결합니다. 'CHAPTER 03. 프로그램 개발' 단계에서 알아보았듯, 디버깅을 할 수 있는 개발 환경을 구축하고 IDE를 사용하여 효과적으로 디버깅을 해야지만, 프로그램을 수정하는 시간을 단축할 수 있습니다.

필자는 100줄의 소스 코드를 가지고 있는 A라는 프로그램을 만들 경우에, 100줄의 코딩을 완료한 후에 단위 테스트를 처음으로 시작하는 것이 아니라, 일정 부분의 코딩을 마치면 바로 단위 테스트를 실시하여 로직이 정상적으로 처리되는지, 에러가 없는지를 확인 합니다. 기존 프로그램을 수정할 때도 일정 부분 코드를 수정하면 바로 실행하여 제대로 처리되는지 확인합니다. 즉, 코딩을 하면서 테스트를 수시로 해요.

코딩을 모두 한 후에 나중에 단위 테스트를 하면 에러가 어디서 발생했는지 찾기도 어렵고, 프로그램을 수정하기도 쉽지 않으며, 문제 해결이 쉽지 않을 경우 많은 부분을 다시 만들어야 할 수도 있습니다.

개발자 PC의 성능이 떨어지거나, PC에 설치된 보안 프로그램의 개발 프로그램 차단, 개발 환경의 미비 등으로 인해 로컬에서 테스트가 불가능한 경우가 간혹 있습니다. 이런 경우에는 개발자가 코딩한 소스 코드를 개발 서버에 올려서 테스트를 해야 되는데요. 'CHAPTER 03. 프로그램 개발'에서 알아보았던 형상관리 프로그램을 사용하여 개발 서버에 소스 코드를 올립니다.

프로젝트의 시스템 환경, 네트워크 속도가 양호하지 않을 경우, 프로그램을 개발 서버로 올리는 데 상당한 시간이 소요됩니다. 빠르면 10초 내에도 가능하지만, 경우에 따라 1분 이상 걸리기도 합니다. 단위 테스트를 하면서 프로그램을 자주 수정해야 하는데, 그럴 때마다 매번 기다려야 하니 참 답답합니다. 개발 일정에 쫓기게 되면 더 초초하고요. 하지만 사람은 적응을 잘 하잖아요. 조금만 기다리면 이것 역시 극복하는 지혜를 얻을 수 있습니다.

통합 테스트

로컬에서 단위 테스트를 완료하면, 개발 서버 또는 테스트 서버에 소스 코드를 올려서 통합 테스트를 수행합니다. 고객이 화면에서 업무를 처리하면 시스템 내부적으로 여러 개발자들이 만든 프로그램들이 순차적으로 실행됩니다. 나의 프로그램이 단독으로는 제대로 동작할지라도 다른 프로그램과 연동할 때도 제대로 동작하는지 확인이 필요한데요. 이처럼 여러 팀에서 만든 프로그램과 함께 테스트하는 것을 '통합 테스트(Integration Test)'라고 합니다.

규모가 아주 작은 프로젝트를 제외하면, 대부분의 프로젝트에서는 여러 개발자들과 함께 개발을 진행합니다. 내가 만든 프로그램과 다른 개발자들이 만든 프로그램이 합쳐져서 완성된 프로그램이 됩니다. 내가 만든 프로그램이 단위 테스트에서는 문제없이 실행되었지만, 여러 개발자들이 만든 프로그램과 함께 실행했을 때는 예상하지 못한 에러가 발생하는 경우를 실무에서 많이 접할 수 있습니다. 그러므로 통합 테스트는 필수적인 테스트 절차입니다.

통합 테스트는 테스트 시나리오에 기반을 두어 이루어집니다. 프로그램이 충족해야 할 개발 요건을 테스트 시나리오로 만들어 통합 테스트를 진행하는 것입니다.

테스트 시나리오는 고객(현업)이 시나리오를 보고 테스트하는 데 무리가 없도록 자세하게 작성합니다. 시나리오의 내용에 대해서 간단히 예를 들면 다음과 같습니다.

① 사용자가 화면의 조회 버튼을 클릭하면, 데이터를 화면의 조회용 그리드에 출력한다.
② 사용자가 화면의 등록 버튼을 클릭하면, 등록용 그리드에 입력한 데이터가 적합한지 데이터 유효성 체크를 한다.
③ ②의 유효성 체크를 통과하면, 데이터를 등록하고 '정상 등록 되었다'는 메시지를 화면에 출력한다.
④ 사용자가 화면의 파일 첨부 버튼을 클릭하여 엑셀 파일을 첨부하면, 엑셀 파일의 데이터 형식이 적합한지 체크를 한다.
⑤ ④의 엑셀 파일의 데이터 형식 체크를 통과하면, 화면의 등록용 그리드에 엑셀 파일의 데이터를 출력한다.

프로젝트에서는 테스트 시나리오 문서 양식(예: 테스트 내용, 예상 결과, 테스트 결과 등)을 제공하므로, 해당 문서 양식에 맞게 필요한 내용을 작성하면 됩니다.

통합 테스트를 하면서 발생한 결함은 결함 대장에서 관리됩니다. 프로그램명, 개발 담당자, 고객(현업) 담당자, 결함 심각도, 조치 예정일, 조치 완료일 등의 항목으로 관리되지요. 프로그램에 결함이 있더라도 빨리 조치하면 문제가 없지만, 결함도 많이 누적되고 조치도 제대로 되지 않는다면, 프로젝트 관리자 등으로부터 압박이 들어올 수 있습니다.

바쁜 일정 때문에 프로그램의 결함을 빨리 조치 못한 경우 드물긴 하지만, "A 개발자가 만든 프로그램 때문에 에러가 발생해서 더 이상 통합 테스트를 진행할 수 없습니다"라는 말까지 들을 수 있어요.

신규 개발 일정도 빠듯하고, 업무에 대해서 협의도 해야 하며, 프로그램 수정도 지속적으로 해야 하기에 나에게 할당된 결함은 처음부터 제대로 관리하는 습관이 필요합니다. 미루게 되면 나중에 감당하기 어려워질 수 있습니다.

통합 테스트는 1회로 종료되는 것이 아니라 여러 차례 반복해서 진행합니다. 프로젝트 오픈 일자가 다가오면 통합 테스트에서 나온 결함을 조치하기 위해서 개발자에게 주어지는 시간은 더 짧아지며, 결함 조치가 완료되었는지 관리자가 수시로 체크합니다. 통합 테스트 완료 일자를 맞추라는 요청 때문에 결함 조치를 위해서 새벽까지 작업하는 경우도 있습니다. 통합 테스트 단계가 개발 단계보다 훨씬 업무 강도가 높다고 볼 수 있습니다.

우여곡절을 거듭하고 프로젝트 전체 팀원들이 노력하여 통합 테스트, 결함 등록 및 결함 조치 등의 과정을 거치면서 프로그램의 품질은 점차적으로 향상됩니다. 마침내 고객이 프로그램을 인수할 수 있는 단계까지 올라가게 되고, 운영 서버에 반영할 수 있게 됩니다.

제3자 테스트

통합 테스트를 진행하면서 제3자 테스트를 진행하기도 합니다. 치밀하고 빈틈없는 테스트를 위해서는 개발자 또는 고객(현업)이 아닌 프로젝트와 무관한 제3자가 테스트하는 것이 효과적일 수 있습니다. 제3자 테스트는 테스트 전문업체가 수행합니다.

개발자는 프로그램이 허용하는 범위 내에서 테스트를 하는 경향이 있습니다. 예를 들어, 화면에 텍스트 박스가 있다면 아무 값이나 입력하는 것이 아니라 프로그램 로직이 돌아가는 데 문제가 없는 값을 입력합니다. 개발자 자신이 프로그램을 만들었으므로 화면으로부터 어떤 데이터가 서버 프로그램으로 들어와야 정상적으로 실행되는지 누구보다도 잘 알고 있는 것이죠. 그래서 개발자가 프로그램 내부에 숨겨진 결함을 발견하기는 좀 어렵다고 볼 수 있습니다.

반면에 요구 사항을 제시한 고객(현업)은 한결 다양한 방식으로 프로그램을 테스트합니다. 고객(현업)이 실무에서 사용하는 프로그램이므로 실무에서 맞닥뜨리는 다양한 경우를 테스트하는 것이죠. 하지만 고객의 테스트도 '실무에서 사용가능해야 한다'는 범위를 넘어서지 않는 것이 보통입니다.

제3자는 어떤 방식으로 테스트를 할까요. 한마디로 프로그램을 망가뜨리는 수준으로 테스트를 한다고 보면 됩니다. 아무 값이나 사용해서 입력하고, 수정하고, 삭제하고, 조회하는 등 예상하지 못한 다양한 방법으로 테스트를 합니다. 채널(웹/앱) 프로그램 경우 회사 직원이 아닌 일반 대고객이 사용하는 프로그램이므로 제3자 테스트가 더욱더 필요하다고 할 수 있습니다.

CHAPTER 05

운영 반영

운영 반영

테스트 서버에서 대장정의 통합 테스트가 완료되고, 소스 코드 품질이 운영 반영 가능 수준까지 올라오면, 이제 운영 서버에 프로그램을 반영할 차례입니다. 운영 반영을 운영 배포(Deploy)라고 합니다. 'CHAPTER 03. 프로그램 개발' 단계에서 알아보았는데, 배포는 서버에 '프로그램 실행 파일 묶음'을 집어넣는 것이라고 하였습니다. 고객이 화면을 실행하여 업무를 진행하면, 운영 서버에 배포된 프로그램 실행 파일이 동작하게 됩니다. 운영 서버는 운영 배포 시간을 제외하고는 365일 잠시도 중단되지 않고 돌아가므로, 소스 코드를 운영에 반영을 하는 시점부터 프로젝트는 오픈 상태에 들어갑니다.

고객사 마다 운영 배포 시간은 다릅니다. 주말 새벽에 할 수도 있고, 평일 저녁에 할 수도 있습니다. 배포 시간이 평일 저녁이면 괜찮지만, 주말 새벽에 하면 아무래도 부담이 됩니다. 운영 반영이 정상적으로 완료되면, 프로그램이 정상적으로 동작하는지 모니터링을 해야 하므로 보통 아침까지 자리를 지키기도 합니다.

운영 배포는 배포 시스템을 통해서 담당자의 승인을 거쳐야 서버에 반영됩니다. 검증되지 않은 자원으로 인한 장애를 방지하기 위함이죠. 간혹 운영 배포가 한 번에 성공하지 못할 수도 있습니다. 운영 배포 중에 예상하지 못한 문제가 발생해서 그럴 수도 있고, 운영에 반영할 프로그램들 중 일부가 누락되어 그럴 수도 있습니다. 운영 배포를 시도하다가 실패하면, 바로 이어서 다시 시도할 수도 있지만 일반적으로 당일 운영 배포는 취소하고 다음으로 연기합니다. 연기되는 일자는 다음 날이 될 수도 있고, 일주일 뒤가 될 수도 있습니다. 만약 다음 날 진행해야 한다면 새벽 작업을 연달아 해서 피곤과 짜증이 밀려오겠지만, '고객에게 안정된 서비스를 제공해야 하므로 감수하자'라고 생각하면 마음 편해집니다.

방심하면 운영에서 사고로 이어진다

프로젝트가 완료되어 운영에 배포되면, 그 이후에는 고객사의 운영 팀에서 프로그램을 받아서 운영을 진행합니다. 앞에서 알아보았듯이 개발자는 크게 개발 인력과 운영 인력으로 구분됩니다. 개발 프로젝트에서는 개발 인력이 개발을 진행하고, 운영 프로젝트에서는 고객사 운영 팀의 운영 인력이 개발과 운영을 담당합니다. 개발 인력과 운영 인력은 모두 개발자입니다. 자신의 적성에 따라 개발 일을 할 수도 있고, 운영 일을 할 수도 있어요. 개발 프로젝트를 성공적으로 완료한 후, 개발자 본인의 의사에 따라 운영 프로젝트를 이어서 계속 진행할 수도 있습니다. 자신이 개발하고 테스트한 업무를 뒤이어 운영하게 된다면, 새로운 기관에서 새로운 업무를 맡아서 운영하는 것보다 훨씬 유리한 위치에서 일할 수 있습니다.

시스템 운영 업무를 시스템 유지보수 업무라고도 표현합니다. 예상하는 데로 업무 강도 측면에서 보자면 개발 업무가 운영 업무보다 더 높다고 할 수 있어요.

개발 완료 이후 운영 초반에는 안정화 과정이 필요합니다. 테스트 단계에서 미처 찾아내지 못한 프로그램의 오류와 취약점을 수정하고 고객이 원활하게 화면을 사용하여 업무를 볼 수 있도록 하는 것이 안정화 작업입니다. 안정화 기간은 프로젝트 범위와 규모에 따라 다르지만 보통 6개월에서 1년 정도입니다.

안정화 이후에는 운영을 하면서 지속적으로 새로운 요구 사항이 나오므로 프로그램을 수정하고, 테스트하며, 운영에 반영하는 과정이 반복됩니다.

개발자는 프로그램을 수정하고 단위 테스트를 거친 후, 담당 현업에게 프로그램 테스트를 요청합니다. 일반적으로 테스트는 테스트 서버에서 꼼꼼하게 수행되지만, 바쁜 업무와 예상하지 못한 사정으로 인하여, 간혹 현업이 테스트를 제대로 안하는 경우가 있습니다. 이것이 문제의 시작이 됩니다.

고객의 개발 요청 건별로 개발시작일, 개발완료일이 존재하며, 해당 일정을 준수하지 못하면, 재촉을 받거나 좋지 않은 평가를 받습니다. 그래서 테스트가 덜 된 프로그램이 운영에 올라가는 경우가 아주 드물지만 있습니다. 개발자는 단위 테스트를 수행하였으므로 '늘 하던 건데, 오늘도 잘 되겠지' 하면서 운영에 반영을 합니다. 운영 반영 이후 정상 동작하는지 검증을 하는데, 혹시나 했던 사고가 발생합니다. 프로그램에서 에러가 발생하는 것이죠.

사고가 발생하면 관련 당사자들은 당연히 당혹스러운데, 특히나 금전 처리와 관련된 프로그램에서 에러가 발생한 것이라면 상황이 아주 급박해집니다. 장애가 발생하였으니 사고 수습을 위해 운영에 반영한 프로그램은 이전 버전의 프로그램으로 원복됩니다. 원복하기 위해서는 형상관리 프로그램을 사용하며, 형상관리에 대해서는 'CHAPTER 05. 프로그램 개발'에서 알아보았습니다.

형상관리 프로그램을 사용해서 프로그램을 관리하므로 수정 작업하기 이전 버전으로 어렵지 않게 돌릴 수 있지만, 간혹 아주 드물지만 형상관리에 문제가 있거나, 이전 버전으로 돌렸지만 원하는 소스 코드 상태가 아닐 수 있습니다. 이렇게 되면 운영 담당자는 소위 '멘붕'에 빠지게 됩니다. 작업하기 이전 버전의 소스를 개인적으로 관리하고 있으면 다행이지만, 그렇지 않다면 낭패입니다. 어떻게든 수습은 되겠지만, 상당한 시간이 소요될 것입니다.

이런 위기 상황에 처하지 않기 위해서 단위 테스트, 통합 테스트는 반드시 수행되어야 합니다. 또한 형상관리 프로그램도 있지만, 만약을 대비해서 개발 이전 소스를 개발자 PC에 개인적으로 관리하는 것도 필요할 수 있습니다.

운영 현장에서 접하는 다양한 사례

현장에서 운영 업무를 하다 보면 개발 프로젝트에서는 경험하기 힘든 다양한 사례를 접할 수 있는데, 그중에서 몇 가지를 알아보겠습니다.

첫째, 서버의 환경 설정이 달라서 발생한 사례입니다. 아주 드문 경우이지만 로컬에서 단위 테스트를 정상적으로 수행했고, 고객이 테스트 서버에서 통합 테스트도 정상적으로 수행했음에도 불구하고 운영에서 문제가 생기는 경우가 있습니다. 개발자는 단위 테스트와 테스트 서버에서 통합 테스트를 모두 수행했는데도 운영에서 에러가 발생하였기에 황당함을 느낍니다. 에러의 원인은 테스트 서버와 운영 서버의 환경 설정 차이 때문에 발생하였습니다.

서버에 설치되는 DB, WAS, 솔루션 등에는 문자 집합(Charater Set) 설정, 자동 데이터 타입 변환 설정 등 여러 정보들을 설정합니다. 이러한 환경 설정 정보는 시스템 마다 다를 수 있습니다. 문자 집합(Charater Set)이란 문자나 기호들의 집합을 표현하는 방법을 의미하고, 데이터 타입(DataType)이란 데이터(값)의 형태가 '문자형'인지 '숫자형'인지 등을 나타내는 것을 말합니다.

따라서 개발을 할 때 '이것은 시스템이 알아서 처리해주겠지' 하면서 불명확하게 코딩하지 말고, 명시적으로 정확하게 코딩을 하는 습관을 가져야 합니다.

둘째, 일시적 장애로 인하여 WAS에 개발 자원이 반영이 되지 않아서 발생한 사례입니다. 여러 팀과 협업해서 개발을 진행하는 경우가 많습니다. 대고객이 스마트폰 앱을 사용하여 거래를 하면 여러 솔루션을 거치고, 여러 서비스를 거쳐서, 응답을 앱 화면으로 보내줍니다. 이렇게 정상적으로 처리되기 위해서는 각 팀의 개발자가 만든 프로그램이 문제없이 운영 서버에 반영되어야 합니다.

전 사례에서는 환경 설정의 차이로 인해 테스트 서버에서 잘되는 거래가 운영 서버에서는 에러가 발생했었어요. 이번 경우에는 환경 설정 문제가 아님에도 불구하고 단위 테스트와 테스트 서버에서 통합 테스트를 모두 정상 수행했지만 운영에서 에러가 발생했어요.

문제의 원인은 여러 개발자들이 만든 프로그램 중 일부가 일시적인 장애로 인하여 운영 서버, 정확히는 운영 WAS에 제대로 반영되지 않았던 탓이었습니다. 운영 시스템에는 WAS도 기능별로 여러 대가 존재합니다. 서버 등은 시스템 담당자가 관리하므로 해당 담당자가 아닌 다른 팀의 업무 개발자는 '개발자가 작업한 자원(프로그램)이 운영 서버에 제대로 반영되었는지' 정확하게 판단하기 어려울 수 있습니다.

따라서 프로그램에 문제가 없는데 에러가 발생한다고 판단이 되면, 개발 자원이 서버에 정상적으로 반영되었는지 한번 확인해 보는 절차가 필요합니다.

셋째, 개발에 필요한 데이터베이스(DB) 또는 시스템에 접속하려면 반드시 권한 신청을 해야 하고, 그 후 승인을 얻어야지만 사용할 수 있다고 앞에서 알아보았습니다. 이제 알아볼 것은 권한과 관련된 사례입니다.

개발자 중 한 명이 다음의 애로 사항을 문의합니다.

> "고객의 요구 사항을 반영하기 위하여 프로그램을 수정하였고, 고객이 통합 테스트를 할 수 있도록 테스트 서버에 반영했습니다. 그런데 이상하게 내가 수정한 부분이 적용이 안 됩니다. 혹시나 해서 여러 번 반복해서 반영을 했지만 마찬가지입니다. 너무 답답합니다."

여러분이 생각하는 바와 같이, 문제의 원인은 그 개발자가 서버에 반영할 권한이 없기 때문이에요. 권한이 없기에 배포 시스템을 통하여 자신이 수정한 프로그램을 여러 번 반영하였지만 적용되지 않았던 것이죠. 따라서 절차에 따라 권한 신청을 하고 권한을 승인받은 후, 정상적으로 반영할 수 있었어요.

넷째, 절차적인 문제와 관련되어 발생한 사례입니다. 개발자가 프로그램을 수정하면 형상 관리에 올리고 버전이 기록됩니다. 개발자가 배포 시스템을 통하여 배포 요청을 하면, 형상 관리에 올라가 있는 프로그램의 최신 버전이 테스트 서버에 반영되는 것이고요. 문제는 형상 관리에 올라가 있는 프로그램 버전과 테스트 서버에 반영되어 있는 프로그램 버전이 달라서 발생하였습니다. 또한 이러한 문제는 개발자가 로그를 확인하기 어려운 곳에서 발생합니다. 로그(Log)란 개발자가 디버깅을 원활히 할 수 있도록, 프로그램이 출력하는 유용한 정보를 말합니다. 특정 위치에 존재하는 로그 파일을 열면 프로그램에서 출력한 정보가 순서대로 기록되어 있습니다.

그동안 잘 서비스되었던 프로그램이 갑자기 장애가 발생하였습니다. 형상관리에서 최신 버전을 내려 받아서 로컬에서 프로그램을 확인하고 디버깅을 하였지만 문제가 보이지 않습니다. 그런데 운영 서버가 아니라서 다행이기는 하지만, 어떤 오류로 인하여 테스트 서버에서 에러가 발생하고 있습니다. 개발자는 프로그램 어딘가 결함이 있어서 그렇다고 생각하고 계속 프로그램에서만 원인을 찾고 있지만, 문제 원인을 찾을 수가 없으니 정말 답답한 노릇입니다. 시간이 많이 경과하였기에 차선책으로 시스템 담당자를 통하여 테스트 서버에 반영된 프로그램을 직접 확인한 결과, 누군가 정상적인 절차를 통하지 아니하고 테스트 서버에서 직접 프로그램을 수정하는 작업을 하였습니다. 뒷머리가 아파오는 순간입니다.

프로젝트에서 정한 절차만 제대로 지켜도 이런 문제는 발생하지 않습니다. 또한 서버에 접근할 수 있는 권한을 필요한 소수에게만 제공해야 합니다. 요즘은 프로젝트 관리 및 권한 관리가 잘 되고 있으므로 이런 문제가 발생할 확률은 작지만 만약을 대비해서 알아두면 좋겠습니다.

다섯째, 대외 인터페이스와 관련되어 발생한 사례입니다. Part 2의 'CHAPTER 03. 인터페이스'에서 알아본 것처럼, 기업은 업무 처리를 위해서 타 회사 시스템과의 대외 연계 작업을 빈번히 합니다. 대외 연계 작업하기 위해서는 인터페이스 프로그램을 만들어서 기관 간 통신을 합니다.

A, B 두 기관이 서로 대외 연계를 한다면 각 기관에서는 프로그램을 개발하여 대외 인터페이스 거래가 정상적으로 되는지 테스트 서버에서 테스트를 합니다. 화면 프로그램 및 서비스 프로그램 작업에 비해서 상대적으로 대외 인터페이스 프로그램 개발 및 테스트는 시간이 많이 소요됩니다. 아무래도 멀리 떨어져 있는, 서로 다른 시스템을 가진 기관이 데이터를 주고받는 통신을 하려면 검증해야 할 부분이 많을 것입니다.

테스트 서버에서 거래가 정상이면, 마찬가지로 운영 서버에 인터페이스 개발 자원을 반영합니다. 이번 사례는 운영 서버 반영 시점이 달라서 문제가 발생하였습니다.

두 기관은 개발 일정에 따라 운영에 언제 반영을 하고 오픈을 언제 할지 사전에 협의를 했음에도 불구하고, 기관 내·외부 여건으로 인하여 한 곳에서 오픈을 제대로 못하는 경우가 생깁니다. 이렇게 되면 대외 거래를 반복적으로 시도하더라도 장애가 발생하였다는 메시지만 보게 되는 것이죠.

이번 사례도 드문 경우에 해당하지만 개발·테스트·운영 시스템의 특수한 환경, 오픈에 장애가 될 수 있는 요소 등에 대해서 사전에 충분히 협의가 필요함을 알 수 있습니다.

운영 업무를 수행하면 고객으로부터의 문의 또는 타 팀 개발자로부터의 문의를 일상적으로 받습니다. 쉽게 해결할 수 있는 문제도 있고, 하루 대부분의 시간을 들여서야 겨우 해결할 수 있는 문제도 있습니다.

중요한 것은 자신이 해결한 문의에 대해서 '문의 내용, 문제 원인, 해결 방법' 등을 자세히 정리하고 기록해 두는 것입니다. 누구나 시간이 지나면 그 전에 했던 작업에 대해서 잘 기억하지 못합니다. 기억하지 못하거나, 어렴풋이 기억하더라도 정확성을 기하기 위해서는 다시 문서와 프로그램 소스 코드를 뒤져봐야 하지요. 그럴 경우, 또 다시 전과 비슷한 시간을 소비해야 문제를 해결할 수 있습니다.

예를 들어, 고객이 어제 문의한 것을 해결하기 위해서 수백 개 프로그램 파일을 검색하고 로직을 분석한 후 내용을 정리하여 메신저로 고객에게 알려주었는데, 다음 날 고객이 "어제 받은 내용이 지워졌습니다. 다시 부탁드립니다"라고 다시 요청할 수 있습니다. 또는 한 달 정도 뒤에 타 팀 개발자로부터 전에 해결한 내용과 거의 유사한 오류를 문의 받을 수도 있어요.

따라서 번거로운 작업을 다시 하지 않기 위해, 시간을 절약하고 생산성을 높이기 위해 문제 해결한 내용을 기록해두는 요령이 필요합니다. 또한 어떤 예기치 못한 원인에 의해 문서 파일이 변경되거나 삭제될 수도 있으므로 정리한 문서 파일을 주기적으로 백업받아 두는 것도 필요합니다.

PART 6.

개발자로 살면서
관심 가져야 할 것들

CHAPTER 01

영어 공부

영어는 실무에서 필요한가

다른 사람이 추천하는 방식이 정답은 아니므로 토익 교재로 공부하든, 원서로 된 기술 서적으로 공부하든 자신에게 맞는 방식으로 영어 공부를 하면 됩니다. 토익으로 영어 공부를 시작하겠다면 독학도 좋지만, 무료든 유료든 온라인 강의를 활용하면 효과적으로 공부하는 데 도움이 될 거예요. 영어에 대한 관심이 부족하다면, 드라마나 영화로 영어 공부를 시도해도 좋을 것 같아요. 물론 흥미 위주의 드라마, 영화가 아닌 공부에 도움이 되는 것을 선택해야 되겠어요.

IT 자격증 공부를 원서로 할 수 있습니다. 예를 들어, Java, DB 등의 자격증 취득 공부를 원서로 하는 것이죠. 원서로만 보기에 부담이 되고, 진도가 잘 나가지 않는다면 번역본도 참고하면서 공부하면 도움이 됩니다. 자격증 자체로는 의미가 없을 수 있지만, 자격증을 취득하기 위해 공부하는 과정은 의미가 충분히 있습니다. 자격증 취득을 위해 공부하는 내용이 실무에서 개발하기 위해서 필요한 지식이므로 기술이 가지고 있는 전체 스펙(기능)을 파악하는 데 용이합니다.

영어를 할 수 있으면 기술을 공부하기 위해 국문으로 된 자료도 보지만, 영어로 된 책, 온라인 문서, eBook 등을 부담 없이 볼 수 있습니다. 훨씬 다양한 자료를 접할 수 있는 것이죠.

개발을 하다 보면 여러 오류를 만나게 되는데, 오류 중 초·중급 수준에 해당하는 3/4은 국내 사이트를 검색해도 해결책을 쉽게 찾을 수 있지만, 고급 수준에 해당하는 1/4은 구글을 사용하여 외국 사이트를 검색해야 문제를 해결할 수 있습니다. 개발의 난이도가 올라갈수록 외국 블로그나 포럼, 스택오버플로우(stakoverflow) 같은 곳에서 자료를 찾아야만 문제를 해결할 수 있는 것이죠.

프로젝트 현장에서 간혹 외국인 개발자와 함께 일하는 경우가 생기기도 합니다. 예를 들어, 외산 솔루션을 도입했을 경우, 국내에 파견된 외국인 개발자가 해당 솔루션의 중요 코어 부분을 담당해요.

외국인 개발자와 직접 영어로 대화할 수 있으면 당연히 유리합니다. 내가 만드는 프로그램이 외산 솔루션과 연동해야 하므로 개발하면서 발생한 오류, 솔루션 기능에 대한 설명 등을 다른 사람을 통하지 않고 바로 질문할 수 있어요. 이런 소통 과정에서 서로 간의 친분은 자연스레 쌓일 것이므로, 혼자 고민하면 며칠 걸릴 개발이 도움 받을 경우 몇 시간 내에 가능할 수도 있어요. 외국인 개발자는 소수 인원이기에 다수를 차지하는 한국인 개발자 속에서 어색함과 불편함을 느낍니다. 그래서 내가 먼저 다가가면 쉽게 친해질 수 있습니다.

외국 대학 강의도 안방에서 듣는다

영어에 익숙하면 유학을 가지 않더라도 양질의 세계 유명 대학의 강의를 온라인으로 접할 수 있습니다. 무크(MOOC, Massive Open Online Course)는 대학 강의가 일반인에게 공개되는 대규모 온라인 교육 과정을 말합니다. 학생이든 일반인이든 자신이 원하는 시간과 장소에서 온라인을 통해서 대학 강의를 들을 수 있어요. 공개(Open)라고 되어 있지만 무료 강의와 유료 강의가 혼재되어 있습니다.

하버드, 스탠포드, 버클리, MIT, 예일 등의 대학이 온라인 강의를 제공하고 있으며, 전 세계 200개 이상의 대학이 참여하고 있습니다. MOOC를 제공하는 대표적인 사이트는 코세라(Coursera), 에덱스(Edx), 유다시티(Udacity) 세 곳입니다.

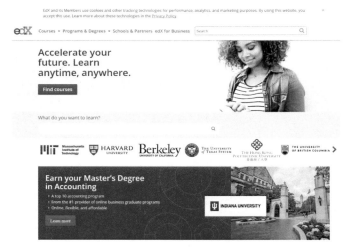

그림 6-1 에덱스(Edex) 홈페이지(출처: https://www.edx.org/)

비즈니스(업무 관련), 프로그래밍, 컴퓨터공학, 자기계발, 예술 등 관심 있는 다양한 분야의 강의를 수강할 수 있습니다. 또한 온라인 커뮤니티 등에서 외국 수강생들과 교류하면서 국내에서는 알기 어려웠던 여러 가지 정보를 얻으며, 서로 토론하고 함께 공부할 수 있어요.

MOOC에서 과정을 이수하면 이수증을 받고, 학점으로 인정받을 수 있습니다. 아직은 학점으로 인정하는 대학의 수가 적지만 앞으로 계속 증가할 거예요. 현재 대학 강의는 강의실이라는 막힌 공간에서 행해지는 일방적인 교육이 주류를 이루고 있지만, 앞으로는 온라인이라는 개방 공간에서 전 세계 누구나 높은 수준의 콘텐츠를 접하게 되는 방식이 자리 잡을 것입니다.

한국형 MOOC인 K-MOOC도 다음과 같이 2019년 3월부터는 일반인이 과정을 이수할 경우, 학점은행제 학점으로 인정하고 있습니다.

> "K-MOOC 강좌를 이수한 경우 현재는 각 대학이 학칙으로 정하는 경우 대학의 학점으로 인정 가능하다. 이번 개정안은 대학생이 아닌 일반인도 학점은행제 학점으로 인정받을 수 있도록 개선해 보다 많은 국민들에게 학점 및 학위 취득 기회를 확대 제공하는 데 목적이 있다."[7]

서울대학교, 연세대학교, 고려대학교, KAIST, POSTECH 등 60개 이상의 대학교가 K-MOOC에 참여하고 있습니다. 업무 관련, 인공지능 등과 같은 고급 강의는 시중 사설 학원에서는 접하기 어려운 감이 있으므로, MOOC 또는 K-MOOC을 활용하면 유용할 것입니다.

---

[7] 출처: 김상헌, '내년부터 'K-MOOC'로 학점은행제 학점 취득 가능', IT NEWS, 2018년 8월 24일(https://bit.ly/2rnkaYK).

CHAPTER 02

독서

독서 습관

페이스북을 창업한 마크 저커버그는 1년에 수십 권의 인문·사회 분야의 고전과 연구서를 읽고, 히브리어, 라틴어, 중국어 등의 외국어를 공부합니다. 독서를 통해 쌓은 인문학적 교양을 IT 기술 개발과 경영에 적용하고 있고, 외국어를 공부하면서 해당 국가를 알아가고 있습니다.

마이크로소프트 창업자 빌 게이츠는 어릴 때부터 책을 가까이 하여 집 주변 도서관을 즐겨 찾았으며 '독서가 나의 성공에 절대적인 역할을 했다, 하버드 대학 졸업장보다 소중한 것이 독서 습관이다'라고 말합니다. 현재도 그는 매일 독서를 하고 있습니다. IT 대가인 빌 게이츠는 전자책보다는 종이책을 선호한다고 해요. 책에 중요 부분을 체크하고 메모를 하기에 편해서 그렇다고 합니다. 필자도 전자책을 자주 보는데 전자책은 단말기에 수백 권의 책을 담을 수는 있고 휴대가 편리하지만, 책을 앞뒤로 훑어보기도 어렵고 메모하기도 불편한 점이 단점으로 여겨집니다.

소프트뱅크 회장 손정의는 중증 만성 간염 진단을 받고, 의료진으로부터 5년 이상의 생존은 힘들다는 의견을 들었습니다. 이런 절망적인 상황에서 손정의는 의지와 신념으로 3년간 4,000여 권의 책을 읽었고,

다행히 새로운 치료법 덕분으로 병세도 호전되었어요. 그는 투병 중에 읽은 책들이 자신의 사업의 방향과 전략을 정하는 데 중요한 역할을 했다고 말합니다.

애플 창업자 스티브 잡스, 버크셔 헤서웨이를 이끌고 있으며 최고의 투자자라고 회자되고 있는 워런 버핏도 독서광이며, 그 외 성공한 사람들의 대부분은 책을 좋아하고 가까이했습니다. 독서가 중요하다는 것에 충분히 공감할 수 있을 겁니다.

IT 분야는 빠르게 변하므로 뒤처지지 않기 위해서는 개발자는 새로운 기술에 관심을 가지고 늘 공부하는 자세를 가져야 합니다. 산업혁명이 18세기 중후반에 시작되었으니 오늘까지 250년 정도가 흘렀고, 그동안 과학 기술이 눈부시게 발전하였습니다. 학자들은 앞으로 20~30년 동안의 과학 기술 발전 수준이 과거 250년 수준에 필적한다고 하니 정말로 급격한 변화가 예상됩니다. 우리가 매일 사용하는 스마트폰 앱 개발에 적용된 기술만 봐도 네이티브, 웹, 하이브리드 등 계속 진화하고 있고, 개발 시 참조하는 오픈소스 라이브러리도 버전 업이 계속되고 있으며, 특정 라이브러리에 익숙해지면 또 다른 기능으로 관심을 받는 라이브러리가 등장하는 실정입니다.

기술의 구현 대상인 비즈니스 업무 지식도 독서를 통해 꾸준히 공부해야 합니다. 업무와 연관된 배경 지식을 습득하면 업무 이해에 도움이 되고, 업무 분석 및 타 업무와 협의 시 도움이 됩니다. 기업에서는 인문·사회과학 분야의 다양한 독서가 업무 능력 향상에 도움이 된다는 것을 인지하였기에 사내 독서 모임을 적극적으로 지원하고 있습니다.

우리가 아는 바와 같이 독서를 하면 간접 경험을 할 수 있기에, 큰 비용을 들이지 않고 지식과 교양을 얻을 수 있고, 창의력과 사고력을 키울 수 있습니다. 책에서 아이디어를 얻어 업무에 적용할 수도 있고, 인생 선배들의 성공과 실패의 이야기를 통해 인생 이모작 또는 창업에 도전할 수도 있어요.

한 권의 책을 쓰기 위해서는 각고의 노력이 필요합니다. 글쓴이가 이미 전문가라서 책을 쓰는 경우가 많겠지만, 책을 쓰려면 많은 준비와 노력이 필요하므로, 전문가가 아니더라도 한 권의 책이 완성될 즈음에는 준전문가 정도의 입지에 오르게 됩니다. 그러므로 독서를 하면 저자의 관점, 지식, 지혜, 경험을 손쉽게 얻을 수 있습니다.

개발자도 인문학, 사회과학에 관심을 가져야 합니다. 인문사회과학과 자연과학은 상호작용을 하고 연관되어 있으며, 서로 영향을 주고받으면서 발전합니다. 기술적 역량뿐만 아니라 인문·사회과학의 소양을 함께 갖춘 인재는 차별화되고 있습니다. 자연과학 또는 인문·사회과학한 분야에 능통한 사람의 머리에서 나오는 창조성과, 서로 이질적인 분야에 대한 높은 이해와 관심을 가지고 있는 사람의 창조적 아이디어는 다를 수밖에 없어요. 후자가 고객의 요구와 고객이 원하는 가치를 더 잘 이해합니다. 그러므로 후자를 토대로 하드웨어나 소프트웨어를 만들었을 때 고객의 만족도 또한 높을 겁니다.

요즘은 각 영역에서 발생하는 문제를 다른 영역의 관점으로 접근하고, 융합하는 사고 과정을 거쳐서 해결하고 있습니다. 개발 관점에 국한하지 않더라도 사회인으로 삶을 살아가려면 인문학과 사회과학에 대해서 관심을 가지고 배우려는 자세로 임해야 합니다.

내가 알고 싶은 하나의 주제를 정했다면 다양한 저자의 책을 골고루 읽는 것이 좋습니다. 같은 주제에 대해 저자들은 서로 다른 생각을 가지고 있기에, 하나에 치우치지 않고 다양한 관점을 견지할 수 있습니다. 그들의 주장에 대한 논거와 설명을 읽으면서 그들은 왜 그렇게 생각하는지 이해할 수 있고, 나의 관점은 무엇과 통하는지 고민할 수 있습니다.

책 한 권을 처음부터 끝까지 모두 읽어야 한다는 강박관념을 가질 필요는 없습니다. 나에게 필요한 내용만 추려서 읽어도 됩니다. 일반적으로 한 권의 책을 읽었다고 말할 수 있으려면 모든 내용을 봐야 한다고 생각하는데 그렇게 생각할 필요가 없어요. 책에서 내가 알고 싶은 일부분만 읽었더라도 독서 목록에 추가해도 되고, 다른 사람들에게 '내가 읽은 책'이라고 말할 수 있습니다.

한두 챕터를 읽었는데 본인에게 맞지 않는 내용이라고 판단되면 부담 없이 다른 책을 읽으면 됩니다. 모든 책이 좋은 책이 아니듯이, 모든 책이 나에게 맞는 것은 아닙니다.

시간과 장소에 구애받지 않고 독서하도록 노력합니다. 가방에 책 한 권을 넣어 다니면 틈틈이 독서하는 시간을 확보할 수 있습니다. 지하철을 기다리면서 독서를 할 수 있고, 커피숍에서 지인을 기다리면서 책을 읽을 수 있습니다.

독서를 즐겨하는 분의 말씀처럼 지하철은 독서하기 좋은 곳입니다. 지하철 내에서는 활동적으로 움직일 수도 없고, 지루하게 멍하게 있을 수도 없기에, 뭐라도 하면서 시간을 보내야 하는데 적당한 소음이 화이트 노이즈가 되어 책 읽기에 집중할 수 있도록 도와줍니다. 물론 책

대신에 스마트폰을 집어 들고 게임에 집중하고 싶은 유혹을 이겨내려는 노력이 필요할 거예요.

독서할 책을 구입해서 읽어도 되고, 도서관에서 빌려서 읽어도 됩니다. 필자는 도서관을 자주 이용하는데요. 빌려서 읽다가 마음에 드는 책이다 싶으면 구입해서 읽고 소장합니다.

책을 구입해서 읽으면 중요한 부분에 줄을 긋고, 떠오르는 생각과 궁금한 내용을 책의 여백에 적을 수도 있으며, 필요할 때마다 책장에서 책을 꺼내 읽을 수 있어서 좋습니다. 하지만 도서관에서 대출해서 읽는 것에도 장점은 있습니다. 책 구입 비용에 신경 쓰지 않고 다양한 책을 읽을 수 있고, 도서 반납 시간이 정해져 있기 때문에 독서를 반강제적으로 할 수 있기에 독서량이 늘어납니다.

여러분도 알다시피 집에서 공부하려고 하면 TV, 인터넷, 가족과의 대화 등 여러 방해 요소가 많습니다. 그리고 배고프면 먹고, 졸리면 누워서 자도 딱히 누가 뭐라 하지 않기에 집중해서 책 읽기가 힘듭니다. 하지만 도서관 열람실에서 독서하면 집중력을 가지고 할 수 있습니다. 열람실은 기본적으로 공부하는 분위기가 잡혀 있으므로 나도 그 분위기에 편승하여 소위 열공을 할 수 있어요.

주위에는 주말마다 도서관에서 열심히 공부하는 분들이 있습니다. 주중에는 시간 확보가 쉽지 않아 자기계발을 위해서 주말 시간을 활용합니다. 주말마다 꾸준히 실천하는 것이 쉽지 않을 텐데도 목표한 바를 이루기 위해 끈기 있게 노력하는 모습이 부럽기도 하고 대단해 보입니다. 요즘 도서관에서는 개인 노트북을 사용할 수 있는 공간을 마련해 두고 있기에 노트북으로 강의를 듣는 사람을 많이 볼 수 있습니다. 그중에서도 필자의 관심이 집중되는 곳은 프로그래밍 공부를 하는 모습입니다. 책을 읽고, 코딩하며 열심히 노력하는 모습이 프로다워 보입니다.

독서를 하면서 중요한 내용이나, 마음에 두는 문구를 따로 문서에 정리하는 것을 초록(抄錄)이라고 합니다. 이와 유사한 필사(筆寫)는 책의 전체 내용을 옮겨 적는 것을 말합니다. 조선 정조 대왕은 초록을 즐겨했다고 하는데요. 초록을 시간 낭비라고 생각할 수도 있지만, 초록을 하면서 책의 내용을 정리하고 압축하면서 제대로 이해하는 과정을 가질 수 있으므로 시도해 볼 만한 습관이라고 생각합니다.

독서 중에 감명 받고 기억에 남는 구절도 시간이 지나면서 점점 잊힙니다. 한 번 읽은 책을 시간 내서 다시 읽기도 쉽지 않습니다. 반면에 초록은 부담 없이 반복할 수 있습니다. 시간이 날 때마다 초록한 내용을 읽으면 저자가 말하고자 하는 바와 중요한 내용을 되새길 수 있어요. 요즘은 PC에 저장한 문서가 스마트폰에도 동기화되므로 시간과 장소에 구애받지 않고 확인할 수 있어 편리합니다.

투자에도 관심을 가지자

나이 들어서도 직업으로든, 취미로든 개발자로 살아가려면 경제적으로 안정적일 필요가 있습니다. 비교 대상에 따라 다르게 느낄 수 있지만, 개발자의 보수 수준은 타 직종에 비해서 나쁘지 않습니다. 액수도 중요하지만 힘들게 번 돈을 어떻게 관리하느냐가 더 중요합니다. 내가 매달 버는 돈이 현재 어떻게 쓰이고 있고, 미래를 위해 어떻게 운영되고 있는지 관심을 가져야 합니다.

저축도 중요한 재테크 수단이지만 문제는 시간이 지남에 따라 돈의 가치가 하락한다는 겁니다. '앞으로 꾸준히 저축하면 노후는 걱정 없을 거야' 하고 저축만 믿고 있다가, 힘들게 모은 돈이 먼 미래에 제 가치를 발휘하지 못하여 낭패를 볼 수도 있어요. 그러므로 저축과 병행하여 펀드 투자든 주식 투자든 부동산 투자든 자신에게 맞는 방법을 선택하여 꾸준히 실천해야 하고, 성공적인 투자를 위해서 열심히 독서하고 공부하여 금융 지식을 갈고닦는 노력이 필요합니다.

투자 기법이나 주식 차트 등을 설명한 책보다는 투자의 대가들이 쓴 책들을 읽어 보는 것이 중요합니다. 대가들이 말하는 투자 철학에 대해서 깊이 있게 생각하고 고민한 후, 투자에 대한 자신만의 철학과 원칙을 만들어야 합니다.

'경제 상황이 이러하니, 요렇게 투자해야 한다', '모두가 많은 수익을 내고 있으니, 대세는 이런 투자다', '시장이 비관론에 휩싸여 있으니, 이제는 팔아야 한다' 같은 주변의 소음에 신경을 쓰지 않고, 묵묵히 나의 길을 걸어가야 합니다. 그래야 투자에 성공할 수 있고, 경제적으로 안정을 이루며, 자신이 원하고 희망하는 자유로운 삶을 살아갈 수 있습니다.

CHAPTER 03

지식과 경험을 함께 나누기

블로그에 글쓰기

외부에 나를 알리고 소통하는 방법은 강의, 블로그, 책 쓰기 등이 있습니다. 개발자 생활을 하면서 어렵지 않게 도전할 수 있는 것은 블로그에 글쓰기입니다.

블로그 주제는 자유이며, 내가 유용한 내용이라고 생각하면 상대방도 그렇게 느낄 것입니다. 주제에 대해서 너무 고민할 필요는 없어요. 실무에서 개발하면서 보고 느낀 것을 올릴 수 있습니다. 어떤 업무를 개발하고 업무 난이도는 어떠한지, 코딩은 어떻게 하는 것이 효과적인지, 생산성을 올릴 수 있는 방법은 무엇인지, 팀원과의 관계 개선을 위해서 어떻게 노력하는지 등을 공유합니다.

프로그램 개발, 산업 동향, 트렌드에 관련한 기사 내용을 정리해서 올려도 됩니다. 개발자로서 앞으로 어떤 것을 관심을 가지고, 무엇을 준비할지 등 자신의 의견을 추가해도 좋아요. 새로운 기술에 대해서 공부하면서 중요하고 핵심적인 내용을 정리해서 올리면 개발자에게 많은 도움을 줄 수 있습니다. 이론을 공부하고 프로그램을 테스트하면서 힘들게 해결한 내용을 정리해서 올리면 다른 개발자들은 시간을 절약하고 시행착오를 줄일 수 있기에 고마워할 것이고, 블로그 주인의 인지도는 높아질 거예요.

블로그를 방문하는 사람을 의식한 상태에서 '좋은 글을 써야 한다'는 압박을 받지 말아야 합니다. 다른 사람을 신경 쓰게 되면 한 문장을 쓰기도 힘들며, 많은 시간을 투자해서 어렵사리 글을 썼다고 하더라도 올리기 망설여집니다. 남들이 '내 글을 보고 이상하게 생각하면 어쩌지'라고 걱정할 필요 없습니다. 좋은 글이라는 것은 상대적이므로 누구는 공감하는 내용이더라도, 또 다른 누군가는 자신에게 맞지 않는 내용이라고 생각할 수 있어요. 무엇보다 누군가 블로그를 우연히 방문했는데 블로그 주인장이 쓴 글이 마음에 안 든다고, 문장이 매끄럽지 않다고 항의하거나 문제를 제기하는 경우는 없습니다. 그러므로 가능한 한 스트레스 받지 않고 편안한 마음으로 글을 쓰도록 노력해요.

블로그에 얼마나 자주 글을 올리면 좋을까요. 한 달에 한 번, 가뭄에 콩 나듯, 기분 좋을 때만 올리는 것이 아니라 인내심을 가지고 블로그에 꾸준히 글을 올리는 것이 중요합니다. 하루에 하나씩 올릴 수 있다면 가장 좋습니다만, '일주일에 두세 번 올리기' 정도는 시도해 보도록 해요. 블로그에 글을 자주 올릴수록 검색 결과에 나의 블로그가 상단에 위치하고, 나를 대중에게 알릴 수 있는 기회가 높아집니다. 시중에 블로그 홍보를 위한 다양한 책들도 있고, 관련 인터넷 문서도 많은데요. 여러 홍보 수단도 나름 효과가 있겠지만, 무엇보다 글을 자주 올리는 것이 나의 블로그를 알리는 가장 효과적인 방법입니다.

글을 자주 올리자고 했지만, 생각을 정리해서 글을 쓴다는 것이 말처럼 쉽지가 않은 것이 현실입니다. 글쓰는 습관을 가지고 있지 않다면 문장 하나를 만드는 데도 시간이 많이 걸립니다. 글쓰는 데 익숙하지 않으면 두어 시간을 투자해도 한 문장 쓰기도 힘들 수 있어요. 처음에는 누구나 그런 것이니 '난 글재주가 없다'라고 고민하지 말고 꾸준히 글쓰기를 시도하면 됩니다.

문장을 만들기 위해서 생각하고 고민하고 고쳐 쓰고 하는 과정은 글쓰기 능력 향상에 당연히 도움이 될 뿐만 아니라, 실제 대화에서 나의 생각을 상대방에게 조리 있게 전달하는 데도 도움이 됩니다. '글쓰기랑 말하기가 무슨 상관이 있을까'라고 생각할 수 있지만 생각을 정리하고 사고하는 연습을 하므로 실제 대화하는 데 효과가 있다는 것을 느낄 수 있어요.

평소에 독서와 공부의 필요성은 알고 있지만 이런 저런 이유로 실천을 못하고 있었다면, 블로그에 글을 쓰려면 지속적인 소재가 필요하므로 자연스럽게 독서와 공부를 꾸준히 하게 됩니다.

블로그를 하고 있다면, 상대방에게 자신에 대해서 자세히 소개를 하지 않더라도 블로그 주소를 알려 주면 되므로 편리합니다. 프로젝트를 구하거나 구직 시에도 블로그를 통하여 자신에 대해서 홍보를 할 수 있습니다. 사람을 채용하기 위해서 면접을 보는데 지원자들의 역량이 비슷한 상황이라면, 블로그 활동을 열심히 하고, 경험과 지식을 체계적으로 정리하여 홍보하는 사람을 선택할 확률이 높습니다.

블로그를 잘 운영하면 업계에 나의 인지도를 높일 수 있으며 자연히 나를 따르고 응원하는 사람의 수도 많아질 거예요. 나중에 강의를 하거나 창업할 때는 그 사람들이 실수요자가 되어 나를 도와주게 됩니다.

강의

내가 알고 있는 내용을 다른 사람에게 설명하려고 할 때, 지식에 빈틈이 보이거나, 제대로 이해하지 못한 부분에서 막히는 경우가 자주 있습니다. 공부를 통해 내가 알고 있다고 생각한 부분도 가르치면서 실제로는 제대로 이해하지 못하고 있다는 것을 알게 됩니다.

미국의 교육학자 에드거 데일(Edgar Dale)은 학습과 기억에 대하여 다음과 같이 말하였습니다.

> "사람이 무언가를 배운 후 48시간이 지나서 얼마나 기억하는지를 실험해 보았다. 읽기만 하는 경우에 사람들은 10% 정도 기억하고, 보고 들은 경우에는 50%, 그리고 다른 사람에게 가르친 경우엔 90%까지 기억하고 있었다. 가르치는 것이 곧 배우는 것이다."
>
> - 조영탁, 『노력이 천재를 이긴다』

가르치면서 내가 부족한 부분이 무엇인지 알게 되고, 부족한 부분을 이해하기 위해 노력하는 과정에서 나의 실력이 향상됩니다. 가르치면서 공부한 내용을 제대로 이해할 수 있기에, 가르치면서 배운다는 말을 실감할 수 있어요.

개발 경력이 화려해야지만 강의를 하고, 누구를 가르칠 수 있는 것이 아닙니다. 오히려 전문가는 '이 정도는 누구나 알겠지' 하고 넘어가는 경향이 있기에 배우려는 사람의 입장을 이해하지 못할 수도 있습니다. 그런 의미에서 경력이 얼마 되지 않는 사람은 새로운 분야를 공부하는 것이 얼마나 힘든지 잘 알고 있으므로 상대방을 이해하고, 더 쉽게 가르치기 위해 노력할 수 있습니다.

배우는 사람도 자신과 너무 동떨어진 고수에게 공감하기보다는 '내가 열심히 노력하면 도달할 수 있다'고 생각하는 사람에게 동질감을 느끼고 공감합니다.

가르치는 수단은 온라인 강의도 좋고, 오프라인 강의도 좋습니다. 초심자에게는 오프라인 강의보다는 온라인 강의가 유리해요. 요즘은 동영상 제작 프로그램을 사용하여 온라인 강의를 쉽게 만들 수 있고, 유튜브라는 채널을 활용하여 대중에게 공개할 수 있습니다. 화면을 녹화하는 방법 등 동영상 제작 방법에 대해서는 인터넷에 다양한 자료가 있으므로 참고하면 됩니다.

누구나 오프라인 강의를 처음 시도하는 것은 두렵고 무섭습니다. 특히나 사람들 앞에서 말하는 것은 어렵습니다. 필자도 모르는 사람 앞에서 발표하거나 또는 강의를 할 때는 너무 긴장해서 얼굴이 붉어지고 머리가 하얘지고는 합니다. 다른 사람의 시선과 반응에 너무 신경 쓰다 보니 부끄럽고 어색하여 주눅이 듭니다. 필자는 긴장하면 말도 막히고 더듬거려서 더 힘들게 느낀 것 같아요.

이러한 두려움을 극복하려면 작은 경험을 통해서 긴장감을 해소하는 훈련을 해야 합니다. 회사 회의에서 동료들 앞에서 발표를 해도 효과가 있고, 스피치 동호회와 같은 작은 모임에서 서로 이해하고 도와주려는 마음을 가진 회원들 앞에서 발표하는 연습을 반복적으로 하면 많은 도움이 됩니다.

지역 사회에서 지식 나눔 차원에서 진행하는 무료 강의에 참여해도 좋습니다. 친근한 다양한 연령대의 수강생을 앞에 두고 강의하면 좀 더 편한 마음으로 진행할 수 있습니다. 설령 유료 강의가 아닌 무료 강의를 망친다고 하더라도 수강생이 항의하거나 비난하지는 않으니 걱정할 필요가 없어요. 강사가 앞에서 땀 흘리면서 어쩔 줄을 몰라 하는 모습에 사람들은 속으로 오랜만에 재미있는 구경을 했다고 생각할지는 몰라도, 강단에서 내려오라고 소리치지는 않으니 안심하세요. 강의 횟수가 늘어남에 따라 땀 흘리는 양도 점점 줄어들고, 목소리에는 자신감이 조금씩 더해 갈 것입니다.

이처럼 오프라인 강의에 도전하기가 쉽지는 않지만, 실제로 현장에서는 강사와 수강생이 서로 얼굴을 대면하게 되므로 공감대를 형성하고 신뢰감을 전할 수 있습니다. 시간이 흐를수록 강의에 자신감이 붙는다면 인생 선배로서의 다정함과 열정을 전할 수도 있습니다.

강의를 할 때는 배운 내용을 공유한다는 생각으로 편하게 진행하면 됩니다. '나는 전문가다'라고 무게를 잡지 말고 '아는 것은 안다', '모르는 것은 모른다'처럼 솔직하고 진솔하게 진행합니다. 모르면서 아는 척하는 모습보다, 모르는 것을 시인하고 공부해서 다음 강의에서 알려주겠다는 자세가 진정성이 있고 신뢰감을 줄 수 있습니다.

책 쓰기

사람들은 특정 분야에 대해서 책을 쓴 사람을 전문가로 인정합니다. 책 쓰는 과정이 쉽지 않기에 책을 쓴 저자라고 말하면 노고를 인정해 주고 차별화합니다. 책 쓰기를 통해 내가 알지 못한 재능을 발견할 수도 있고, 지식 창업가로서의 길도 개척할 수 있습니다. 또한 나의 인생 여정을 정리하고, 새로운 도전으로 긍정적 경험과 성취감을 얻으며, 미래에 대한 방향을 설계할 수 있어요.

일하기 바쁘고 사람 만나기 바빠서 책 쓰기는커녕, 책 읽기도 힘들다고 말하는 사람이 대다수입니다. 하지만 책의 주제를 선택하고, 목차를 정한 다음, 꾸준히 하루에 얼마간의 시간을 투자해서 반복적으로 글을 쓰다 보면 결국에는 한 권의 책이 만들어집니다. '말이야 쉽지'라고 생각할 수 있지만, '지루하고 끝이 보이지 않는 작업을 인내심을 가지고 꾸준히 반복할 수 있느냐'가 관건입니다.

글쓰기가 어렵고, 한 문장 만드는 것조차 힘들며, 어렵게 적은 글이 형편없게 느껴질 수도 있지만 걱정 안 해도 됩니다. 꾸준히 반복적으로 연습하면 시간이 지날수록 글도 편하게 써지고, 내용도 좋아지는 것을 느낄 수 있습니다.

책 쓰기에 관심이 있지만 결정을 못한 채 미루고 있다면, 한 번 도전해 보면 어떨까요. 작가로서의 탁월한 재능을 가지고 있지 않는 한 처음 쓰는 책은 내용이 부실하고 어색할 테지만 그것이 자연스럽습니다. 많이 읽고 많이 생각하고 글 쓰는 데 들이는 시간과 노력이 더해 갈수록 책 내용은 알차지고 수준은 올라갑니다. 여러분이 지금 보고 있는 책도 필자가 처음으로 도전하는 책이라 내용이 많이 미흡하다는 것을 인정합니다. 하지만 계속 노력하고 있으므로 다음에 나오는 책은 좀 더 나아지리라 믿고 있습니다.

책의 내용은 독자가 궁금해하고, 걱정하는 부분을 해결할 수 있는 내용이어야 합니다. 내가 일하면서 경험한 모든 것이 상대방에게 소중할 수 있지만, 독자가 진정으로 원하는 부분에 포커스를 맞춘다면 책의 가치가 더 높아질 수 있습니다.

뉴스에 나올 정도로 베스트셀러가 되지 않는다면, 책을 통해서 받는 인세는 크지 않습니다. 책을 쓰면서 들인 시간과 노력에 비하면 오히려 많이 부족하다고 느낄 것입니다.

그렇다면 이렇게 힘들게 책을 쓰는 이유는 무엇일까요? 나의 부족한 지식과 경험을 종이라는 매체를 통하여 다른 사람에게 전하고, 그 사람에게 조금이라도 유익하고 도움이 되고 싶다는 생각이면 충분할 수 있습니다. 앞에서 설명한 블로그, 강의와 동일한 관점입니다. 나를 알리고 홍보하는 것도 물론 중요하지만, 부수적인 결과로 생각하면 마음이 편할 수 있어요. 내가 직장과 프로젝트에서 겪는 일상적이고 반복적인 모습들이 나에게는 평범하지만, 나의 길로 들어서려는 사람에게는 소중한 경험일 수 있습니다.

CHAPTER 04

건강 관리

운동

개발에는 논리적 사고력과 문제 해결 능력이 필요합니다. 머리가 무겁고 멍한 상태에서는 코딩하기가 쉽지 않아요. 몸이 안 좋으면 소심해지고, 매사에 의욕이 없습니다. 꾸준한 운동이 개발에 집중할 수 있는 정신 상태를 만들어 줍니다. 운동을 하면 혈액이 뇌 세포에 산소와 영양을 공급하므로 기억력과 집중력이 높아지기 때문입니다.

운동의 중요성을 알고는 있지만 다른 업종의 직장인과 마찬가지로 대다수의 개발자가 실천하지 못하고 있습니다. 업무량이 많은 편이라 식사시간을 이용하여 운동이나 산책을 하기보다는 부족한 잠을 보충하는 경우가 많아요. 프로젝트 현장에서는 점심 식사 후 모니터에 앞에 엎드려 있거나, 의자에 기대어 잠을 자고 있는 개발자를 많이 볼 수 있습니다.

젊을 때는 과로와 몸에 무리를 주는 생활을 견딜 수 있지만, 나이가 들어 가면서 신체 기능이 저하되고 근력은 점점 약해지기에 어느 순간 한계점에 도달할 수 있습니다. 그러므로 몸의 상태가 심각해지기 전에 평소에 운동을 하는 습관을 만들어야 합니다. 근육 운동 전문가에 의하면 근육의 양은 30세쯤 정점에 달하고, 40세 이후 해마다 1%씩 감소해 80세가 되면 절반으로 줄어들기에, 건강한 노년을 보내려면 늦어도 40대부터 근육 운동을 해야 한다고 합니다.

평소에 몸을 많이 움직이지 않다가 운동을 하려면 쉽지가 않습니다. 그러므로 몸에 무리가 가지 않는, 나에게 맞는 운동 방법을 선택해서 꾸준히 하는 것이 좋습니다. 걷기도 좋은 운동입니다. 따로 준비할 운동 기구 없이, 언제 어디서나 마음만 먹으면 할 수 있는 것이 걷기 운동입니다. 해 보겠다는 약간의 의지만 있으면 언제 어디서나 쉽게 할 수 있는 것이 걷기 운동이에요.

걷기 운동을 꾸준히 하면 심장마비의 위험을 37%, 치매 발병 확률을 40% 낮출 수 있다고 합니다. 개발자는 거의 하루 종일 모니터 앞에 앉아 있기에 눈 보호에도 신경을 써야 하는데요. 걸으면 녹내장 예방과 함께 눈 건강에 도움이 된다고 합니다. 이뿐만 아니라 걷기는 뼈 건강에도 좋고, 폐 기능 향상에도 도움이 됩니다.

필자는 점심 먹고 매일 30분 정도 산책을 합니다. 가능하면 매일 산책하려고 노력을 하는데요. 웃긴 광경일 수 있는데 햇살이 심한 날에는 검은색 양산을 쓰고 산책을 합니다. 산책을 안 하고 식사 후 바로 자리에 앉으면 속이 더부룩하고, 소화가 잘 안 되어 불편했어요. 하지만 산책을 하면 음식물 소화도 잘되고, 뱃살을 줄이는 데에도 좋고, 찌뿌둥한 몸이 풀리는 것 같아 상쾌하고 기분이 좋습니다. 필자도 평소에 운동을 열심히 안 해서 그럴 수 있지만, 산책을 하고 안 하고에 따라 오후 근무의 집중도에 차이가 있음을 느낍니다. 평소에 무릎 관절이 안 좋아 불편하다면 부담이 덜한 산책을 권합니다.

의자에 앉아서는 목, 허리, 손목의 피로를 덜어 주기 위해 수시로 간단한 스트레칭을 해주고, 1~2시간마다 의자에 일어나서 화장실에 다녀오거나, 물을 마시러 가거나 해서 몸을 움직여 주는 것도 좋습니다. 의자에 앉는 자세도 아주 중요한데요. 자세가 좋지 않다면 앉아 있는 일 자체가 허리가 나빠지도록 내버려 두는 것과 같습니다. 의자에 누운 듯한 자세로 개발하는 개발자 모습을 자주 볼 수 있고, 그런 안 좋은 자세로 일하는 개발자가 나중에 허리에 문제가 생겨서 치료를 받는 경우도 보았어요.

바른 자세를 유지하기가 어색하고 귀찮을 수도 있지만 습관을 들이도록 합시다. 자세가 좋으면 허리, 목 등의 부위에 부담을 덜어주고 통증도 완화시켜 줍니다. 또한 피로와 스트레스를 덜 느끼게 되므로 집중력 있게 일하는 데도 도움이 됩니다.

병이 악화되기 전에 몸이 우리에게 보내는 신호에 귀 기울이는 노력도 해야 합니다. 몸이 우리에게 보내는 신호는 어떤 것이 있을까요? 어깨나 손목이 심하게 아프거나, 손이나 발이 저리고 감각이 없거나, 만성적으로 소화가 잘 안 되고 변 상태가 좋지 않거나, 앞에 검은 점이 보이고 눈의 시야가 좁아지거나, 계단을 오를 때 숨이 차고 어지럽거나, 잠을 많이 자도 늘 피곤함을 느끼는 것 등입니다. 작은 통증이나 불편함을 대수롭지 않게 생각하거나 무관심으로 방치하면, 치료 시기를 놓쳐 나중에 큰 병으로 후회할 수 있습니다. 일도 좋고 돈도 좋지만 건강을 잃으면 모든 것을 잃는 것입니다.

운동은 적절한 체중 유지에 도움이 되고, 각종 성인병 예방에도 도움이 되며, 안정적인 정신 상태를 갖게 하므로 건강한 삶을 위해 규칙적인 운동 습관을 가져야 합니다. 건강해야 일도 할 수 있고, 돈도 벌 수 있어요. 우리는 꿈과 목표를 가지고 있습니다. 그것을 이루기 위해 반드시 운동을 통해 건강 관리를 해야 합니다. 수명이 늘어나서 100세 시대를 예상하지만 질병을 안고 오래 사는 것이 아닌, 건강한 노후의 삶을 위해서도 노력해야 합니다.

잘 먹고, 잘 자기

아침식사를 거르지 않고 먹는 게 중요한데요. 아침식사를 거를 경우, 뇌에 공급할 영양분이 부족해서 집중력이 떨어져 아침 업무 효율이 떨어집니다. 또한 당뇨병, 뇌출혈 등의 위험도 높아진다고 합니다. 몸속에 혈당량이 부족하니 허기를 많이 느껴 점심에 과식하게 되고, 야식으로 이어지기도 하죠. 야식은 숙면을 방해하기에 다음 날 아침은 개운한 정신 상태가 아닐 거예요. 아침에 밥을 먹기 힘들다면, 달걀과 바나나를 함께 먹는 것도 좋은 대안이라고 하니 시도해 보도록 해요.

당분 섭취를 줄여야 합니다. 당(탄수화물)은 단순 당(Simple sugar)과 복합 당(Complex sugar)으로 나뉩니다. 단순 당은 먹었을 때 바로 단맛을 느끼는 당인데요. 분해될 것이 없어 몸에 거의 대부분이 흡수되므로, 혈당 수치가 급격하게 올라가고 이로 인해 인슐린이 분비됩니다. 음료, 사탕, 초콜릿, 과자, 빵 등의 가공식품에는 단순 당이 많이 들어 있어요.

복합 당은 입에서 오래 씹었을 때 단맛을 느끼는 당입니다. 분해와 흡수가 느려 혈당 수치가 서서히 올라갑니다. 채소, 곡류 등에는 복합 당이 많이 들어 있어요. 복합 당보다는 단순 당이 몸에 더 해롭습니다.

당분은 체내 염증을 유발하고, 암세포의 성장이나 전이를 촉진하며, 당뇨, 고혈압, 통풍, 신장 질환 등 각종 질병의 원인이 될 수 있습니다. 지방간은 음주와 관련이 있는 줄 알았는데, 과도한 당분 섭취는 지방간으로 이어질 수 있다고 하는군요. 또한 뇌세포 활동에도 영향을 주어 기억력이 저하되기도 한답니다.

단 것을 먹으면 왠지 기분이 좋고 스트레스도 풀리는 듯해서 집에서도 자주 먹고 사무실에서도 허기를 달래기 위해 간식으로 많이 먹고 있습니다. 프로젝트 현장에서는 수행사에서 개발자들의 간식을 위해서 커피, 과자, 사탕, 라면 등을 제공해요. 그러다 보니 사무실에서 매일 가공식품을 접하게 되고, "왠지 사육당하고 있는 느낌이다"라는 우스갯소리를 개발자들이 하곤 하죠. 지금부터라도 건강을 위해 설탕과 화학 성분 가득한 가공식품은 줄여나가도록 해요. 또한 식품 학자들은 한 끼 식단에 차지하는 탄수화물의 비중을 30% 이하로 줄이는 것을 권고하므로, 밀가루 음식을 먹는 횟수와 밥의 양을 줄이는 노력이 필요해 보입니다.

물을 자주 마시는 것도 중요하죠. 몸속에 수분이 부족하면, 체내의 독소를 제대로 배출할 수 없고 이로 인해 피로도가 가중된다고 합니다. 또한 물은 체온 조절, 혈압 유지, 변비 예방 등의 역할을 합니다. 일하다 보면 자리에서 자주 일어나기 힘든데, 물을 자주 마시면 자주 소변을 보러 가게 되고, 덕분에 몸을 자주 움직이게 되니 유익하기도 합니다.

세계보건기구(WHO)가 권장하는 하루 물 섭취량은 1~2리터인데요.

한꺼번에 많은 양의 물을 마시면 오히려 몸에 해로우므로, 적당량을 조금씩 나눠 마시도록 합시다. 식사 전후에는 수분 섭취가 위장의 소화 기능을 방해하므로, 먹는 물의 양을 최소로 줄이는 것이 좋을 것입니다.

가능한 충분한 수면을 취하도록 노력합시다. 수면 시간은 개인마다 다르지만 하루에 6시간 이상은 필요합니다. 충분한 수면을 취해야 다음 날 좋은 컨디션으로 일할 수 있어요.

이웃나라 일본의 어떤 기업은 생산성을 높이기 위해 직원이 충분한 수면을 취하면 포인트를 지급하고, 포인트는 현금처럼 사용할 수 있다고 해요. 수면 시간을 어떻게 측정할까 궁금했는데, 앱을 통해서 측정하고 수면 데이터가 데이터베이스에 저장 및 관리된다고 합니다. 충분한 수면은 직원을 건강하게 하면서 회사에게 좋은 성과를 안겨 주니, 수면의 소중함을 새삼 깨닫게 되는군요.

스트레스 관리

과도한 스트레스는 정신적으로, 신체적으로 문제를 일으킬 수 있습니다. 스트레스가 심할 경우 작은 일에 과도하게 신경을 쓰고, 예민하게 반응하며, 분노 조절이 잘 안 되어 화를 잘 내게 됩니다. 속은 쓰리고 소화가 잘 안 되니 식욕은 줄어들고, 가슴이 답답하고 두근거리니 심장에 문제가 있다고 느낍니다. 잠자리에 일찍 들지만 수면장애 때문에 몸은 항상 피곤합니다. 이로 인해 집중력은 떨어지고, 기억력이 감퇴하니 판단력과 생산성은 저하됩니다. 생산성이 저하되니 위에서 압박을 받게 되고, 스트레스를 더 심하게 느끼게 됩니다. 종국에는 삶에 대한 의욕이 줄고, 출근하기조차 싫어집니다. 그냥 멀리 떠나 버리고 싶은 마음입니다.

스트레스의 원인은 외적으로는 과도한 업무, 소통하지 않는 상사 또는 동료, 불안한 직장과 미래 등입니다. 내적으로는 남을 미워하고 시기하며, 일의 잘못을 내 탓이 아닌 남 탓으로 돌리고, 상대방의 의견은 틀리고 나의 주장만 옳다고 내세우는 자기중심적인 생각 등입니다. 하지만 중요한 것은 스트레스를 대하는 태도입니다. 스트레스가 긍정적으로 작용하느냐 부정적으로 작용하느냐를 결정하는 것은 스트레스를 대하는 나의 마음가짐과 자세라고 할 수 있다는 말입니다. 내가 처한 상황도 마음먹기에 따라 달라질 수 있다는 의미예요. 내가 어떻게 받아들이느냐에 따라 고통일 수도 있고, 견뎌 볼 만한 도전 과제일 수도 있어요.

스트레스 해소를 위해 담배나 술에 의지하는데 이것은 해결책이 아닙니다. 일시적으로는 효과가 있을 수도 있지만 장기적으로는 중독, 건강악화 등 더 나쁜 결과를 초래합니다. 카페인 또한 스트레스 수치를 높인다고 하니 적당히 조절해야겠어요. 그렇다면 어떻게 해야 스트레스를 관리할 수 있을까요?

긍정적인 생각을 가지도록 노력합니다. 스트레스를 나쁜 것으로만 여기지 말고, 어느 정도의 스트레스는 나의 발전에 도움이 된다고 생각합니다. 스트레스에 자극받고 스트레스를 이겨내면서, 우리는 성장하며 목표에 한 걸음 더 다가갈 수 있습니다. 적당한 스트레스는 업무 효율과 생산성을 높일 수 있습니다.

감당할 수 있는 스트레스의 수준을 넘어선다면 당연히 관리를 해야 합니다. 프로젝트를 수행하다 보면 일을 잘하는 사람에게 일이 계속 몰리는 경향이 있습니다. 업무 능력이 뛰어난 사람이 생산성이 좋으므로 프로젝트 진척을 위해서 그렇게 되는 경우도 많아요. 프로젝트 관리자와 팀 동료는 부담을 덜어서 좋을 수도 있지만, 짐을 지는 당사자의 능력과 체력에는 한계가 있기에 무턱대고 모든 것을 수용하기는 힘듭니다. 어느 수준을 넘어서면 고통을 느끼고 심각한 스트레스를 받을 수 있어요. 따라서 지금도 업무가 과중한데 계속해서 일이 추가로 들어온다면, 나의 상황을 잘 설명하고 상대방의 기분을 나쁘지 않게 하면서 요령껏 거절하는 방법을 시도합시다.

남과의 경쟁에서 지지 않기 위해 조금의 빈틈도 없이 일을 완벽하게 해 내야 한다거나, 타인을 지나치게 의식하고 배려한 나머지 나를 소홀히 대하는 행동은 자제하도록 해요.

잠은 스트레스 해소에 도움이 됩니다. 일하면서 느낀 답답함이나 불쾌감, 화나는 감정은 잠을 자고 나면 상당 부분 해소됩니다. 운동 또한 스트레스 관리에 도움이 됩니다. 앞에서 알아보았던 걷기 운동만 꾸준히 해도 스트레스 수준을 많이 낮출 수 있습니다. 하루에 30분 정도 걸으면 몸의 긴장이 풀리고, 정신적인 안정을 가져옵니다.

"우리는 크고 많은 것에 정신 파느라고 소중한 것을 놓치고 있다."

- 법정스님

"사람은 행복하기로 마음먹은 만큼 행복하다."

- 링컨

작은 것에 만족하고 행복해하는 습관을 가져 보는 것은 어떨까요. 남의 것을 부러워하고 너무 과한 것을 쫓다 보면, 내가 가진 것을 하찮게 여기게 되고, 항상 자신은 불행하다고 느끼기에 정신과 육체가 황폐해집니다. 많은 시간이 지난 후에야 과거의 잘못된 행동을 후회하지만 되돌릴 수 없어요.

필자는 과거에 자전거를 타다가 넘어져서 턱관절이 골절되는 사고를 당했습니다. 수술을 하고 턱을 고정하는 장치를 달았기에 두어 달 동안 먹을 수 있는 것은 미음 말고는 없었어요. 그래서 건강하게 움직이고 먹을 수 있는 것도 엄청난 행복이라고 느꼈어요. 지금도 가끔씩 내가 가진 것과 내가 처한 환경에 불평을 하곤 하지만, 그 때를 생각하면서 마음을 다잡고 있습니다.

필자는 수많은 프로젝트를 수행하였지만, 모든 것이 마음에 꼭 드는 그런 프로젝트는 없었어요. 사람이든 업무든 힘든 부분은 항상 있었습니다. 그러므로 '나만 힘들다, 나만 고생한다'고 느낄 필요는 없어요. 어떤 일을 하든 크고 작은 스트레스는 존재합니다. 지금 힘든 시기를 겪더라도 이것은 곧 지나갑니다. 시간이 흘러 경력과 경륜이 쌓이면, 과거의 고통은 추억으로 남을지도 몰라요. 스트레스에 대해 긍정적으로 생각하고, 슬기롭게 관리하며, 목표는 크게 가지더라도 작은 것에 만족하고 행복해하는 생활 습관을 가진다면 현실의 어려움을 지혜롭게 헤쳐 나갈 수 있을 거예요.

CHAPTER 05

창업

창업 전에 생각하기

안정을 원하는 사람은 창업이 맞지 않을 것입니다. 창업을 하면 상황이 급변하고 여러 위기의 순간에 직면할 수 있습니다. 나이가 드니까 의무적으로 창업한다거나, 남들이 하니까 나도 뒤쫓듯 창업을 할 필요는 없어요. 회사에서 직원으로 생활하는 것이 적성에 맞는다면 그렇게 하면 됩니다.

뜻하는 바를 가지고 창업을 하기로 결심하였다면 먼저 퇴사한 후에 창업을 준비하는 것이 아니라, 퇴사 2~3년 전부터 조금씩 준비를 해야 합니다. 창업 후에는 고정 수입이 없어 불안하고 '빨리 서둘러서 자리를 잡아야 한다'는 생각이 강해져서, 여유를 가지고 꼼꼼하게 창업 준비를 하기가 힘들 수 있습니다. 나의 어떤 실무 경험을 살려서 어떤 분야로 도전할지 퇴사 전에 면밀하게 준비하고 공부해야 합니다.

일을 하면서 부업 또는 투잡의 형태로 창업을 미리 경험해 보는 것도 좋습니다. 부업을 통해 '이 일이 나의 적성에 맞다'는 판단이 들고, '이 정도면 먹고살 수는 있겠다'라는 생각이 들 만큼 수익이 어느 정도 안정을 찾은 이후에 창업을 해도 늦지 않아요. 창업을 한 후 실패하면 생계에 타격을 주어 문제가 심각해질 수 있지만, 부업에는 실패하더라도 본업에 다시 집중할 수 있으므로 위험 부담이 없습니다.

'창업에 실패하더라도 개발자로 다시 일하면 된다'고 생각하지만, 재취업하기가 쉽지는 않습니다. 이전의 프리랜서 생활로 복귀하는 것은 상대적으로 덜 어렵겠지만, 원하는 회사에 직원으로 들어가는 것은 힘듭니다. 힘들게 재취업하더라도 이전에 일하던 상황과 비교하면 여러 모로 부족할 수도 있어요. 그러므로 회사를 다니면서 부업을 통해 사전에 '창업가의 삶이 어떤 것인가'를 여러모로 경험한다면, 창업을 해야 한다는 일념에 생각 없이 퇴사하고 후회하는 것을 피할 수 있어요.

먼저 창업의 길을 걸어간 사람의 도움을 적극적으로 받아야 합니다. 성공과 실패를 경험한 선배에게 창업을 위해 사전에 어떤 준비가 필요한지, 어떤 사업 계획을 세워야 하는지, 생각과 현실은 어떻게 다른지 등을 깊이 있게 물어봐야 합니다. 물론 안면이 있든 없든 간에 창업 선배에게 조언을 구하고 싶지만, 상대방의 반응이 어떨지 몰라 선뜻 내키지가 않을 수도 있어요. 하지만 창업의 경우에 국한하지 않더라도, 막막함을 해결하고 실마리를 얻고자 누군가에게 도움을 요청했을 때 거절당하는 경우는 거의 드물어요. 대부분 흔쾌히 어려움에 처한 사람을 도와주려고 합니다. 그러니 걱정 말고 조언을 구하세요.

처음부터 무리하게 자본금을 모아서, 크게 시작하는 것은 바람직하지 않습니다. 치열한 경쟁에서 살아남기 위해서는 비용 지출을 최소화해야 합니다. 고정 비용이 적어야 어려운 상황이 길어지더라도 견뎌낼 수 있어요. IT 기술 창업은 다른 사업에 비하여 업무 역량과 기술 역량이 핵심이므로, 실력이 검증되고 신뢰할 수 있으며 서로 성격도 맞는다면 동업으로 사업을 시작할 수 있습니다.

실패하더라도 손실을 최소화할 수 있도록 1인 창업으로 시작하는 것도 방법입니다. '남들이 잘하고 있으니, 나도 성공할 거야'라는 막연한 기대도 삼갈 필요가 있습니다.

창업으로 제2의 개발자 인생을 시작하자

직원은 노동을 제공한 반대급부로 보수를 받지만, 사업가는 시간을 들여 일한다고 해도 그에 상응한 대가를 받는다는 보장이 없어요. 하지만 성공과 실패를 확신할 수는 없으나 인내를 가지고 노력하여 그에 대한 결실을 맺는다면 큰 보상을 받을 수 있습니다.

무엇보다 창업의 매력은 다른 사람을 위해서가 아니라, 나를 위해서 일한다는 것입니다. 나를 위해서 일하기에 보여 주기 식으로 안 해도 되고, 일하는 장소와 시간에 구애받지 않으며, 피곤함도 잊은 채 열정을 가지고 도전할 수 있어요. 소프트웨어 개발은 비즈니스 아이디어를 프로그램으로 구체화하여 온라인에 올리고, 사용자의 반응이 긍정적일 경우 제품화할 수 있는 효과적인 방법입니다. 또한 상대적으로 자본이 덜 필요합니다. 그래서 개발자가 창업에 많이 도전하죠.

개발 경력이 쌓이면서 창업과 비즈니스에 관심을 가지게 되면, 자기가 잘 아는 업무를 기반으로 창업을 할 수 있습니다. 회사에서 업무 리더 역할을 하면서 팀을 이끌던 분이 독립하여 IT 서비스 회사를 창업하는 경우를 종종 볼 수 있어요. 프로젝트를 수주하여 고객에게 업무 컨설팅을 하고, 개발자와 함께 프로그램을 설계하고 개발하면서 수행사 역할을 하는 거예요. 아는 바와 같이 고객사(발주사)는 프로젝트를 발주한 회사이며, 수행사는 프로젝트를 수주하여 개발을 진행하는 회사를 말합니다.

개발자가 창업을 많이 하지만 실패 역시 많이 합니다. 원인은 무엇일까요? 개발자는 '이런 프로그램 또는 서비스는 시장에서 잘 팔릴 거야'라고 생각하고, 시간과 돈을 들여서 힘들게 결과물부터 먼저 만듭니다. 즉, 시장의 반응은 생각하지 않고 제품부터 만든 후, 없을지도 모를 사용자를 찾아다니는 실수를 자주 하기 때문이에요.

내가 만들려고 하는 제품 또는 서비스가 누구를 대상으로 하는지 결정해야 합니다. 사용자의 범위가 넓을 수도 있고, 좁을 수도 있어요. 대다수 창업자는 기업, 일반인, 학생 등 범위가 넓고 불특정 다수를 대상으로 해야지만 소비자가 많아지므로 유리하다고 생각합니다. 그러나 실제로는 특정 대상을 상대로 차별화되고 전문적인 서비스를 제공해야만 더 효과적으로 성공할 수 있어요.

대상이 정해지면 대상이 무엇을 원하는지, 대상이 어떤 문제를 해결하고자 하는지 파악해야 하는데요. 대상이 활동하는 온라인 카페, 블로그, SNS 등을 활용해서 정보를 구합니다. 내가 만드는 제품 또는 서비스는 대상이 목말라하고 갈구하는 바로 그곳에 정확한 해결책을 제공해야 합니다.

앞에서 1인 창업에 대해 잠깐 언급했지만, 일을 진행하는 데 어떤 기술이 필요하다고 하여 '내가 모든 것을 다 알아야 하고, 직접 해야 한다'는 생각은 바꿀 필요가 있어요. 또한 IT 업무와 기술에 최고의 역량을 가진 창업자는 사업 운영에 필요한 인사, 법률, 세무, 홍보, 투자 등 모든 것을 알 수 없고, 아무리 능력이 출중한 사람이더라도 하루 동안 처리할 수 있는 일에는 한계가 있어요.

모든 것을 혼자하려고 애쓴다면, 창업을 제대로 시작해 보기 전에 모든 에너지를 소모해 버릴지도 모릅니다. 따라서 사업을 진행하는 데 필요한 핵심 역할이 아니라면 적절히 아웃소싱하는 전략이 필요합니다.